ADVICE THAT STICKS

HOW TO GIVE FINANCIAL ADVICE
THAT PEOPLE WILL FOLLOW

投顾之道

如何提供易遵循的投顾建议

莫伊拉·萨默斯 (Moira Somers) ◎著

上官兵　马彦楠　吴海涛　范仲悦 ◎译

陈　彤 ◎审校

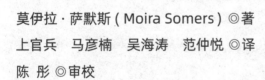
中国金融出版社

责任编辑：王雪珂
责任校对：潘　洁
责任印制：陈晓川

图书在版编目（CIP）数据

投顾之道：如何提供易遵循的投顾建议 /（英）莫伊拉·萨默斯著；
上官兵等译.—北京：中国金融出版社，2023.2
ISBN 978 - 7 - 5220 - 1699 - 3

Ⅰ.①投… Ⅱ.①莫… ②陈… Ⅲ.①投资 — 基本知识 Ⅳ.
①F830.59

中国国家版本馆CIP数据核字（2022）第 131164 号

投顾之道：如何提供易遵循的投顾建议
TOUGU ZHIDAO：RUHE TIGONG YI ZUNXUN DE TOUGU JIANYI

出版
发行　中国金融出版社

社址　北京市丰台区益泽路2号
市场开发部　（010）66024766，63805472，63439533（传真）
网上书店　www.cfph.cn
　　　　　（010）66024766，63372837（传真）
读者服务部　（010）66070833，62568380
邮编　100071
经销　新华书店
印刷　保利达印务有限公司
尺寸　169毫米×239毫米
印张　8.25
字数　102千
版次　2023年2月第1版
印次　2023年2月第1次印刷
定价　58.00元
ISBN 978 - 7 - 5220 - 1699 - 3
如出现印装错误本社负责调换　联系电话（010）63263947

序

　　随着我国经济的持续发展和居民财富的不断累积，居民理财需求不断上升。作为财富管理行业的重要参与者，公募基金产品以其类型丰富、管理专业、运作规范等优势，受到越来越多的关注。如何让基金产品的收益更多更切实地转化为投资者的实际收益，有效改善投资者的投资体验，提升投资者的获得感，既是公募基金行业自身长远发展需要思考的问题，也是公募基金行业理应承担的社会责任。

　　2019年10月底中国证监会推出基金投资顾问业务（以下简称基金投顾业务）试点，包括易方达基金在内的多家基金公司、证券公司和第三方销售公司成为首批试点机构。基金投顾业务尝试从客户端出发，以买方代理为核心定位和立场，在全市场范围内选择基金产品，构建符合客户需求的基金投资组合策略，并持续关注和管理客户账户，探索提供持续、及时、有效的顾问服务。简而言之，基金投顾业务即是从客户根本利益出发，践行买方代理立场，助力投资者实现投资目标的服务。

　　虽然基金投顾业务在境内推出时间较短，但在境外已有较长的历史，在不断的升级、优化与自我修正中形成了较为成熟的业务形态和多样化的服务体系，在财富管理行业中占有颇为重要的地位。近年来，境外投顾业务发展愈发迅猛，以美国为例，其过去三年资产规模共增长了80%。2021年美国无论是投顾机构数量、客户数量、资产规模还是雇员人数都达到了历史最高值：投顾机构达14806家，其中5827家投顾机构属于独立业务；从业人员92.8万人，管理资产规模达

128万亿美元，增速为16.7%。从服务权限来看，其中90%的投资顾问拥有决定客户证券买卖品种、数量以及推荐经纪商的权利，80%的投资顾问能自主决定客户的佣金费率。服务模式上，形成了智能投顾、智能投顾+人工投顾结合、人工投顾（雇员）、人工投顾（独立投资顾问）等多元化的模式。

国内外多项权威研究证明，投资顾问在财富管理中具有重要且独立的价值。先锋公司（Vanguard）通过20多年的持续跟踪研究，提出投资顾问服务为客户创造的价值不仅体现在资产配置、成本优化及再平衡等方面，更体现在对客户投资行为的指导方面。行为指导通过帮助客户克服人性中常见的投资弱点，减少追涨杀跌、频繁交易等非理性投资行为，平均来看可为投资者增加高达1%~2%的年化回报。根据晨星（Morningstar）团队在2013年发布的一项研究，海外买方投顾除了可以通过资产配置服务为投资者提供β价值，为投资者选择优秀的基金产品提供α价值，还能通过为投资者进行合理的财务规划提供γ价值，γ价值合计可为客户创造1.59%的额外收益。而罗素则提出了一个投资顾问的价值分解框架，以量化投资顾问提供的投资建议和行为指导所产生的价值，根据测算，投资顾问为客户提供的价值（4.63%/年）大大超过了通常收取的服务费（1%/年）。

随着投顾业务的崛起，传统业务面临越来越大的竞争压力，或将被迫向投资顾问业务转型。首先，从服务内容上，传统业务服务内容相对单一，而投资顾问则可以向客户提供综合解决方案，并持续提供建议，监测其账户运作情况，履行更高的信托责任。其次，与传统业务的核心技能是销售不同，投资顾问需要的核心技能是建议。只有能通过提出建议为客户创造价值的服务和人员才可以在激烈的竞争中生存下去。需要特别指出的是，向投资顾问业务转型意味着传统的预付佣金将无法再适用，而转向类似于持续的资产管理费的佣金，转型机构可能在短期内会面临巨大的现金流压力。例如，从5%的预付佣金到1%的AUM可能在长期内（6年以上）更有利可图，但在短期内会造成现金流的挤压（在第一年得到1%的报酬而不是5%）。

实践中，为进一步提升客户对基金投顾业务的认知度和接受度，投资顾问必须通过有效的沟通挖掘客户的内在需求并为客户制订便于执行的投资计划，以便客户能够严格遵循既定的投资目标和投资计划。事实上，造成客户投资体验不佳的核心往往不是客户的专业能力或投资理念，更主要的原因是客户没有按要求执行投资建议。我们组织翻译这本书的初衷就是希望能够为一线投资顾问人员提供具有实践性、操作性、综合性的操作手册，本书通过借鉴神经科学、行为经济学、医学和积极心理学等学科研究成果，提出会影响客户遵从顾问投资建议的心理因素及外部驱动因素，考虑客户心理根源上的复杂性，从而改进实务中与客户沟通的技巧和策略，有效增强客户黏性的同时提升顾问建议的遵循性。

截至2022年底，我国已有近60家机构获得基金投顾业务试点资格，各试点机构在监管部门的指导下，持续探索、积极实践，初步构建了基金行业的买方代理体系。《关于加快推进公募基金行业高质量发展的意见》的发布，则进一步为基金投顾业务指明了方向，相信基金投顾业务产生的价值将在促进基金行业高质量发展过程中发挥重要作用，助力居民财富管理事业蓬勃发展。我们愿与广大同行一起探索业务发展脉络，坚持以客户为中心，洞察客户真实需求，向客户提供易于接受并可遵循的投资建议，从而实现与客户可持续的互信共赢。

陈　彤
易方达基金副总裁

目 录

引　言···1

两种必备的专业知识··3

需求、机会和馈赠···4

我是如何被蓝莓摧毁的···6

如何使用本书···6

第一章　易遵循建议的价值···8

难以接受的好建议···8

以不成熟方式提供的好建议··9

关于客户黏性的问题··10

更广阔的视野··11

保持冷静··12

提供易遵循建议的优点··13

第二章　人们为什么寻求建议··15

集体智慧··16

金融专家与纹身师的共同点··17

为什么消费者会求助于专家··17

降低复杂度··17

开始行动··18

节约时间 ……………………………………………… 19

让自己开心 …………………………………………… 20

使他人开心 …………………………………………… 20

提升信心 ……………………………………………… 21

作出更好的权衡 ……………………………………… 22

获得鼓励 ……………………………………………… 23

可以去责怪某人 ……………………………………… 23

感到更安全 …………………………………………… 24

是什么阻碍了这些目标的实现? …………………………… 25

小结 …………………………………………………… 26

客户黏性助推器 ……………………………………… 26

第三章　顾问和团队常见的几类错误 ……………………… 28

顾问和团队的第一类错误：未将客户粘性视为共同责任 …… 29

从自信到自大和傲慢 ………………………………… 29

当同理心成为拖累 …………………………………… 31

"恰到好处"的顾问 …………………………………… 32

当您过于优秀，人们就会质疑 ……………………… 32

顾问和团队的第二类错误：让人觉得自己很傻 …………… 33

当聪明成为烦恼 ……………………………………… 34

顾问和团队的第三类错误：说得太多 …………………… 35

需要记住太多 ………………………………………… 36

执行度差 ……………………………………………… 36

顾问和团队的第四类错误：先入为主 …………………… 37

处理强烈的情绪 ……………………………………… 38

小结 …………………………………………………… 40

客户黏性助推器 ……………………………………… 40

第四章 人与钱之间的内在特性 ················ **43**

两个心碎的故事 ···················· 43

　　受刺激的教授 ···················· 43

　　受重伤的伐木工 ···················· 44

金钱与韧性 ···················· 45

金钱与压力 ···················· 46

学校里不传授的东西 ···················· 46

冰山预警 ···················· 47

金钱脚本 ···················· 48

金钱与心理健康 ···················· 48

金钱是放大镜 ···················· 49

当两个人的金钱脚本碰到一起 ···················· 50

避而不谈的事情 ···················· 51

金融小白太多 ···················· 52

痛苦的财富遗产 ···················· 52

钱和钱不同 ···················· 54

稀缺性是如何影响大脑的 ···················· 54

投资顾问办公室中的稀缺性 ···················· 55

还能转行去卖花吗？ ···················· 56

小结 ···················· 57

客户黏性助推器 ···················· 57

第五章 为何有些建议更难遵循 ················ **59**

案例1：行政体检 ···················· 61

案例2："你患有糖尿病"的警钟 ···················· 61

注意！ ···················· 62

案例3：记录 ···················· 63

案例4：哦，天哪！让我们来谈谈死亡吧！ ···················· 64

小结 ·· 65

客户黏性助推器 ·································· 65

第六章　客户特性（一）：如何与您的"马"合作·········· 68

遵循性研究 ·· 69

事情似乎开始变得有挑战了 ················ 69

拒绝相似建议的经历 ···················· 70

巨大的观念差异 ·························· 70

局限的信念 ······························ 70

缺乏延时满足能力 ······················ 71

无法发觉问题 ···························· 71

动力缺乏 ································ 71

准备不足 ································ 72

我从"头破血流"事件中学到了什么·········· 72

第一步：确保对后续计划达成共识 ········ 73

第二步：通过意图挖掘来驾驭动机 ········ 75

第三步：提升自信心 ···················· 77

小结 ·· 79

客户黏性助推器 ·································· 79

第七章　客户特性（二）：如何帮助客户应对生活冲击·········· 81

转变带来冲击 ···································· 82

精神能量是如何产生和消耗的 ·············· 83

换一个比喻 ·· 84

帮我！我"蛋糕"快吃完了！ ·············· 86

尺寸迷思 ·· 88

金钱和奋斗 ·· 89

小结 ·· 90

客户黏性助推器 ……………………………………………… 90

第八章　社会和环境因素对客户遵循建议的影响………… 92

识别不利影响 ………………………………………………… 94

寻找有帮助的影响因素 …………………………………… 95

不同方式的支持 ……………………………………………… 96

拓宽视野 ……………………………………………………… 98

外部规则 ……………………………………………………… 99

有摩擦！ ……………………………………………………… 100

小心引起你注意的东西 …………………………………… 101

小结 …………………………………………………………… 102

客户黏性助推器 …………………………………………… 103

第九章　一些其他建议………………………………… 105

通常会崩溃的场景 ………………………………………… 105

动作慢下来，效率高起来 ………………………………… 106

坦诚布公，化解僵局 ……………………………………… 107

不是每个客户都适合你 …………………………………… 108

勿揭他人短 ………………………………………………… 109

您可以作出改变，也可以安于现状 ……………………… 110

致　谢 ………………………………………………………… 112

推荐语 ………………………………………………………… 114

目录

引 言

　　我已经开始相信：大多数人在金钱方面多少有点疯狂。

　　我这样说是有根据的。作为一名心理学家，我了解什么是疯狂。没有什么能比金钱更迅速地引起人们的疯狂，月圆、联邦选举或家庭聚会的能量远不及钱的威力。

　　作家吉宁·罗斯以一种更加直白的方式描述了这一现象：

　　金钱，似乎比食物更易激发我们的生存本能，使聪明但不理性的人表现得像条饿狗。任何扭曲心理或思维定式都将不可避免地反映在我们与金钱的关系中，并使其成为阴暗行为的栖息地。

　　　　　　　　　　　　　　　——吉宁·罗斯，《丢失的与找到的》

　　如果您的工作涉及为人们提供财务咨询，那么他们与金钱疯狂而矛盾的关系只是您将面临的挑战之一。坦率地说，它甚至不是最难以应对的。诸如客户与您的关系质量、他们的精力和领悟水平以及其他社会环境等因素都会极大地影响客户对您提供的建议的处理方式。

　　您可能尚未接受很多关于如何实际处理这些影响因素的培训。作为金融专业人士，您的大部分培训和专业知识都集中在高新技术领域：您了解税收、养老金、投资工具和保险选项的来龙去脉，您对关键市场指标和财务数据解读了如指掌，您精通职业活动的道德规范和法律要求，您对帮助客户实现目标的最佳产品和服务了然于胸。

但是，大多数金融专业人士①很少接受客户心理学以及如何有效提供建议的培训。好的建议包括：（1）及时的、令人愉悦的并且易于客户理解的建议；（2）定制化、有技术深度并且正好能在用户能力范围付诸实践的建议。

本书填补了该领域培训的空白。我希望您能够在提供财务建议时，能促成以下三件事：

1. 您的客户会遵循您的好建议；

2. 最大限度地提高客户的幸福感；

3. 您的职业成就感和满意度得到了大幅提升。

本书将与您分享基于实证的实用技巧和策略。经过数十年研究，这些策略针对以下两个引人思考的问题。第一，是什么让人们为了自身幸福而不去做正确的事？第二，如何帮助人们在行为上做出持久、有意义的改变？

针对此领域，绝大部分早期研究都集中于探讨与健康相关的行为（例如戒烟或正确服用药物）。之后，研究范围就明显扩大了，研究成果被广泛应用，在环境保护和职业运动等领域产生了变革性影响。现在，金融行业也是时候转变了。

在过去的十年里，我一直在调整这些策略，以帮助自己在金融心理学家和经理人教练的工作中为客户生活带来持久、有意义的改变。那些我指导过的金融专业人士们已经对这些策略进行了深入的检验和调整。我相信您会和他们一样，发现这些易于实施的策略能为您客户接受建议的意愿和能力带来惊人的变化。

① 本书为所有就金钱处理问题向人们提供专业建议的人编写，包括经过认证的财务规划师、会计师、房地产律师、银行家、商业顾问和信贷顾问。"金融治疗师"和"金钱教练"也会通过本书发现很多与他们的工作密切相关的内容。本书中，"顾问"一词旨在表示一般意义上的"提供建议的人"。

读完本书，您将知道如何提供有效的建议。也许，您还会发现您已经能够解决一些原本绝不让步的问题。因此，请继续阅读下去，您将了解以下问题：激动的教授和受伤的伐木工人之间的共同之处，同理心、自信和"蓝莓"的危险性以及母亲被打上轻佻女人的标签对所有事情会有什么影响。

两种必备的专业知识

本书将从技术层面和个人层面提供建议。技术层面与特定领域的金融知识有关，在整个教育和认证过程中都要考察这些知识（例如税收、投资策略、现金流预测等）。个人层面与客户的心理和生活状况有关（例如目标、能力、活力、前景、家庭情况等）。"这两方面都同样复杂，同样重要。"Sudden Money Institute创始人、金融咨询界的思想领袖苏珊·布拉德利坚持认为。遗憾的是，大多数金融职业资格认证项目默认一旦掌握了技术内容，所谓的"软技能"就会无师自通。

客户不遵循建议，很少是因为顾问在技术层面上不熟练或有纰漏。相反，这通常是由于个人层面的因素被忽略或被误解导致的。如果您一直与客户和他们的金钱打交道，您可能会发现：在理财顾问领域，技术层面相对容易，有难度的却是"软技能"的发挥。

许多从事金融服务的专业人士已经意识到他们需要一种不同类型的培训，一种针对人类心理的培训。Kinder Institute、Money Quotient、Sudden Money Institute和Financial Recovery Institute等机构率先提供了这方面的专业培训。跨学科的合作者与智囊团们（例如Purposeful Planning Instituted和Nazrudin Project）也为广大专业人士提供了更多的机会，将他们聚集在一起，反思金钱的作用和意义，进而推动各自领域的发展。本书将对这些具有开创性的金融思想家的学说与关于不遵循和行为改变的科学文献进行整合。

需求、机会和馈赠

理财顾问们往往能够理解需求、机会和馈赠是给出合理建议不可或缺的三个阶段，本书将帮助他们在此基础上作补充。

阶段一：需求

我们都了解这一讽刺现象：在这个财务指导能够轻易获得的时代，发达国家的公民仍然储蓄水平低下、负债累累。诚然，金融服务业的各类分支似乎都没有考虑到人类心理根源上的复杂性，只是反复地告诉人们他们应该做什么，似乎只要重复得够多人们就能听得进去。

目前，已有清晰的证据表明这不是知识问题，而是一个执行问题。就像我们明知道苹果比薯条更健康，但当我们把手伸进袋子时，还是渴望更有滋味、更油腻的薯条。因此，我们需要的不是更多的信息，而是得到更多的帮助和指导来将知识付诸实践。

认识到这种需求的存在，不仅是为了改善我们客户的生活，也是为了金融行业的未来。整个行业都在发生巨大的变革，尤其在财务规划这一特定领域。线上的、可交互的机器人顾问逐渐占据更大的市场份额。成熟的投资顾问公司已经发现，获取客户的速度正在放缓。与此同时，财务顾问行业也难以吸引新的员工。

在更广泛的金融服务领域（包括银行、保险公司、经纪公司、基金公司和信用卡公司），一些令人生厌且隐秘的做法已经逐渐引起了公众的注意。世界各国正在实施立法改革以提升费用和偿债成本等方面的透明度。相应地，消费者面对服务提供商时也变得更加坚定，坚持要求他们证明自己的价值或降低费用，否则就无法达成业务。作为金融服务专业人士，您需要专注为咨询关系本身增加价值，因为将来单靠金融产品或技术特长的获利空间会继续被压缩。

阶段二：机会

在您所面临的威胁或挑战中，可能蕴藏着机会：

1. 如果您正在失去客户或面临管理资产流失，您就有机会了解并扭转这种趋势。

2. 如果您渴望建立一个稳定、积极的客户名单，并为其终身服务，您就有机会学习客户心理学方面的专业知识，这将是您与竞争对手的巨大区别。

3. 如果您对神经经济学、积极心理学和行为经济学等新兴领域感到好奇，您就有机会利用不断涌现的知识体系来帮助您塑造所需的行为改变。

阶段三：馈赠

已经有很多文献讲述了人们对待工作的不同态度。有些人认为他们所做的只是一份工作，有些人将其视为理想职业生涯的一部分，还有一些人将其视为一种神圣的召唤。我有幸与将上班视为一种召唤的金融人士们一起工作。不论生活美好或艰难，他们都与客户并肩同行。

如果您也是其中一员，您肯定知道这样的经历其实是一份礼物。当客户分享他心中根深蒂固的价值观或透露一件非常感人的事情时，您会有一种置身于神圣之地的感觉。被客户信任，成为第一批知道悬事落地、重大商业并购或严重诊断消息的人，是至关重要的。同时，通过您的帮助，使客户在经历挫折后重新站起来，在他们过于冒进之前使其保持脚踏实地，会令人深感欣慰。

为何会如此？一个人如何接受并传递这样的专业信任？这种情况发生在那些已经准备好成为客户"思想伙伴"的投资顾问身上，他们与客户一起制订解决问题和促进目标实现的行动计划。这样的顾问很少会给出广泛适用的解决方案，让客户去努力适应这些方案。相反，他们会花时间找出客户的动机、需求和疑虑，并相应地调整他们的建议。希望在阅读本书后，您会受到一些启发并有能力作出必要的改变，成为客户真正的思想伙伴。

但是很有可能您不会这样做。因为正如难以令您的客户践行您的建议，我的建议对于您而言也是一样。尝试不同的方式并非易事，尤其是当您尝试独立地、一次性地做太多事情，或是没有任何系统提醒您正在发生的改变的时候。我自己有过太多次这样的经历。

我是如何被蓝莓摧毁的

几年前，长时间的低能量症促使我开始进行全面的健康改造计划。我聘请了私人教练，服用维生素补充剂，加强锻炼并更早睡觉。我的计划奏效了！在短短几周内，我感觉自己更有活力……而且可能有点过于精力充沛。我决定开始改善饮食习惯。

当时抗氧化剂风靡一时。我坚信每天吃些新鲜蓝莓会让我收获自然的力量。但就在这时，一切都被打乱了……因为新鲜蓝莓意味着要记得经常去购买，于是意味着每周要多去几次超市。从另一层面说，去超市之前需要把孩子们塞进他们的雪衣里，然后把他们塞到他们的汽车座椅上。很快，整个健康改造计划就从雷达上消失了。我试图在短时间内改变太多，以致最终我什么都没改变。

如何使用本书

警惕蓝莓效应，读者们！下面的建议可以帮助你绕过那些陷阱，直奔终点：

1. 在阅读本书时，请务必查看每章末尾列出的"客户黏性助推器"（从第二章开始），那里标注了与您或您的团队密切相关的建议。

2. 读完本书后，对标注部分进行分类，确定最需要或最有希望实现的两到三个领域。请注意，许多改变仅涉及在您的客户会议中添加一到两个问题，但需要坚决、一致的落实才能看到效果。

3. 只选择其中一个领域在下个月实施。写下你计划改变的事情及原因。告诉别人你承诺做的事情。在日历上记录您每个月的表现，并确定您接下来要解决的问题。

4. 想办法时刻铭记作出这些改变的意图。我习惯在每天开始时发邮件问自己几个问题，提醒自己我想要保持的老习惯（例如清空收件箱）以及我正在努力建立的新习惯（例如每天练习音乐20分钟）。这能使真诚却脆弱的决心不至于迅速消散。

5. 每次尝试变化时，都要给自己点赞。时刻注意哪些进展顺利，哪些需要微调或大改。

6. 在条件允许的情况下，邀请其他同事也加入进来，看看是否有和您一样的同事想要践行这些的增强建议效果的做法。

7. 在月末，当提示出现时，检查您的进度，并确认您是否已准备好接受新领域的改变，然后重复以上步骤。

第一章 | 易遵循建议的价值

正如您只能看到通电的后果一样（而不是电流本身），您只能看到人们围绕金钱所产生的情绪和信念。这体现在他们的消费习惯、工作选择、人际关系、投资决策、慈善捐赠等各方面，以及谈钱时的语气和内容中。作为一名财务顾问，您所面临的一项重大挑战是如何像使用电线一样，在工作中如何不被那些可能阻碍建议的隐藏情绪所"击垮"？

您处于独特的位置，可以成为具有情绪化投资历史的客户的"接地线"。前提是需要客户坚定的承诺，不会出现不必要的羞辱、指责或解雇等行为以致加剧问题。如果您已审视过了您一生中影响您投资价值观的人和事，您就更有希望在这方面取得成功。同时，您还需要确保您自己不是投资"火线"！

难以接受的好建议

人类可能是一种情绪化的生物。当面对复杂决策时，我们需要正确的建议，通常我们也想要执行这些建议。当然，那些我们乐意做的"其他事情"除外，例如更轻松的事情、更容易理解的事情、更有趣的事情。遗憾的是，在金钱方面，这些"其他事情"似乎经常出现。

帮助人们对他们的钱作出明智的决策与让人们为了健康不沉迷享乐一样困难。因此，金融专业人士感觉像是生活派对上的破坏者，有趣的人们正在享受啤酒和玉米片，而金融人士却力劝他们要谨慎和节制。

除了枯燥之外，审慎的投资建议还存在与主流文化相悖的问题。试想，除了医疗和金融行业，社会上还有哪些世俗力量会经常敦促我们要保持自我克制并长期思考，而不要及时行乐呢？真的，一键下单可不是投资顾问发明的！

以不成熟方式提供的好建议

如果金融专业人士已经正在为他们所提供建议的性质和背景文化进行一场艰苦的战斗，那么他们在个人交易层面培训的缺乏肯定会让这场战斗变得更加艰难。他们可能会犯下一些本可避免的错误：

1. 默认所有为咨询付费的客户均已准备好付诸行动。
2. 使用难以理解的术语。
3. 无视客户情感层面的体验。
4. 在跟进过程中被可预测的问题蒙蔽了双眼。
5. 高估客户在经历重大人生转变时的承受能力。
6. 表现得好像客户与世隔绝一样。
7. 对会破坏合作关系的反对、失望或不屑的情绪无作为。

许多年前，医学培训与如今大多数金融培训类似。然而20世纪70年代一项高引的调查研究发现，只有25%的医生承认患者的不遵医嘱行为可能与他们自身有关。医生将重点放在了提供给患者建议的正确性上。但很多时候，患者的"不依从性"影响了原本正确的医疗建议的临床效果。

长期以来，医生和护士往往热衷于责备病人，有相当一部分病人对这样的方式感到厌倦。目光最终投向了医学院。教授们需要解释在从未购买或正确服用过处方药的情况下，传授学生如何正确地选择高血压药或抗生素到底有什么效果。或者，如果患者并未进行术后锻炼或改变相应的生活方式，那么传授最先进手术技术的价值到底在哪里。由此，关于处理不遵医嘱患者的研究才真正开始，至今已有40年的深入研究。

研究结果相当惊人：问题不仅出在作为建议接受者的患者身上，也出在作为建议提供者的医生及护士和建议性质上。然而实际上，典型的"不依从"客户并不存在。

关于客户黏性的问题

由于这些发现，描述问题的术语发生了变化。医疗专业人员被鼓励更多地使用术语"不遵循"而不是"不依从"。前者被认为不那么具有主观判断力，不是由医生和患者之间的权利差异所导致的。

讽刺的是，围绕"不遵循"这个词的使用，医学界内却出现了许多"不遵循"。我理解人们不情愿改变措辞的心理，这个词本身就有点别扭。"不遵循"（英文non-adherence又表示不黏附）听起来不像是人的问题，而更像是胶水厂商的制造问题。（"嘿老板——这种自粘墙纸不太粘。""是的，我知道。这是离婚律师赞助的特别活动。"）

随着时间的推移，我越来越多地关注"不遵循性"。我喜欢富有黏性的心理联系。它帮助我避免了对客户的恼怒责备并促使我从更广泛的角度考虑问题：建议本身并没有足够的"黏性"，客户和我都需要搞清楚我们可以做些什么。

不仅仅是术语上的变化。遵循性的研究引发了医学教育的变革。自1980年起，学院就会传授学生们为什么某些建议会比其他建议更难接受，以及如何使患者在困难的条件下更容易做应该做的事情。关于这个主题的讲座——甚至整个课程——现都已被纳入至医学院和心理健康培训项目的教学计划中。对遵循性的研究几乎涵盖了初级医疗保健、预防性健康运动和康复工作的方方面面。

然而，投资顾问的培训并没有跟上医学知识领域的改革步伐。一位顾问曾对我感叹道:"我所获得的唯一关于'软技能'的建议是握手时要坚定,并且记得用漱口水。"

我想,这可以是一个开始。

更广阔的视野

在本书中,遵循性将被广义地定义为"人的行为与从业者商定的建议保持一致的程度"。值得注意的是,该定义中有关于"共同创造"的因素:必须是已达成一致的建议。

而更广阔的视角来自世界卫生组织。2003年,世界卫生组织发布了一份有影响力的报告,阐述了影响这种一致性的五个主要因素。当我的工作开始从医疗保健领域的神经心理学转向金融心理学和行为经济学这些新兴学科时,我发现这五个因素其实也在影响投资建议的遵循性。

本书将使用首字母缩略词"FACTS"来帮助您记住这五个财务遵守的主要因素。下图展示了这些因素:

以下将逐一简述这五个因素如何影响建议被遵循的可能性。

金融背景和环境因素: 理财领域存在不同于其他领域的特殊挑战。客户带着个人或集体毕生的理财经验来找您,这些经验帮助他们积累了相当的财务能力和信心。而挑战在于如何帮助客户应对自身的因素(例如家庭遗产、个人价值观、金融知识)以及外部的环境(例如获得资金、市场周期、不断变化的生活环境）。

建议因素：无论我们想要改变哪个行为领域，建议的某些因素都会影响人们遵循它的意愿。遵循性受到所规定任务的愉悦性或复杂性、实施的时间要求以及延迟满足需求等因素的影响，因此许多财务建议可能会难以被接受。

客户因素：对某位客户而言容易实施的建议对于另一位客户来说可能需要付出巨大的努力，因为精力、动机、人生观和智力等方面的差异。了解这些影响因素并相应地调整您的建议，将有助于确保客户真正准备好开始并坚持实施。

团队和顾问因素：您与客户的相处模式将直接影响他们对您建议的接受程度。通过学习诸如简化用语、更专注地倾听、更热情地联系等方面的知识，您和您的团队将会显著提高遵循性。

社会和环境因素：我们的客户并非与世隔绝——他们是复杂社会网络的一员。社会文化因素对他们的行为会产生极大的影响，而且影响程度通常远高于投资顾问们。客户和顾问都必须尝试识别这些因素，加以利用或减轻这些因素的影响。

这五个遵循性因素都对后续行动产生独特的影响，但它们不是孤立存在的。每个因素都与其他因素相互作用，从而提升或降低您的客户按照商定的建议行事的可能性。在实践中，FACTS遵循性模型看起来并不像是一个单向的时钟，而更像是一个蜘蛛网或捕梦网。

各行各业的专业顾问都倾向于强调他们的建议正确性，然后在建议没有落实时去责怪客户。FACTS模型纠正了这种无益的过度简化。我希望您在未来遇到这方面问题时，都能以求知和开放的心态回到这个图表。

保持冷静

在得知我是一名心理学家后，人们经常会说："我敢打赌，再也不会有与人有关的事情让你感到惊讶了。"然而实际上是有的。从事这行二十余年，我仍旧经常被人类这种生物所能作出的荒谬的、温柔的、贪婪的、残酷的和体贴的事情所震惊。但是，让我不再惊讶的是所有人都难以弥合美好愿望与实现行动之间的差距。

《向更好去改变》（一本关于行为改变的经典书籍）的作者认为，在任意时刻，只有20%的人准备好了去弥合愿望与行动之间的差距。也就是说，只有五分之一的人会坦率地承认问题的存在，并真正致力于在不久的将来对其采取纠正措施。一旦这部分人开始着手实现目标或解决问题，他们通常会被意外的挑战所困扰，这些挑战将阻碍他们的成功。因此，最好将不遵循的行为理解为常态，而不是例外。从今以后，您也应该对不遵循行为保持冷静，您应该一早就预料到并阻止它的发生。

提供易遵循建议的优点

为什么帮助人们完成既定的行动方案对您来说很重要？

首先是与客户有关的因素：

1. 如果不遵守计划，客户可能会遇到一些棘手的麻烦：退休贫困、家庭纠纷、法律纠纷、破产等。

2. 当坚持遵循计划后，客户更有可能能够实现他们所深切渴望的目标：周游世界、做慈善、搬出父母的地下室等。

3. 客户如果不遵守诺言，自尊心和诚信感就会下降。不遵循建议的客户经常因缺乏行动而感到沮丧和尴尬。

4. 对自己感觉不好且缺乏跟进的客户不太可能参加后续的面谈或遵守额外的要求。他们经常不辞而别，然后悄无声息地消失。不遵循性会不断加深负向循环。

其次是与顾问有关的因素：

1. 遵循建议的客户退出率较低。与不断拓展新客户相比，维系好现有客户的工作量要少得多。

2. 不遵循的客户可能会给顾问带来后勤、关系维系甚至法律上的问题。他们需要更频繁的电话和电子邮件来推进；他们经常一恐慌就给顾问打电话（一旦他们的拖延达到危机程度）并要求立即回复；他们甚至会错过关键的最后期限，并且连法律要求的文件也无法提供。

3. 积极参与自己财务计划的客户往往对顾问更加满意，并会积极推荐给自己的朋友和家人。而未参与的客户很少这样做。因此，不遵循会显著影响顾问的实际收入。

4. 当客户遵守承诺时，顾问咨询的满意度会提高，而当客户不遵守承诺时，顾问咨询的满意度会降低。老实说，有些客户很难相处，他们让我们感到压力十足、担心和沮丧。用美国心灵作家安妮·拉莫特的话来说，这样的客户甚至足以"让耶稣想直接从猫盘里喝杜松子酒"。我们在帮助客户做出重要改变和规避遗憾行为方面越有效，我们自己能获益的就越多。

最后，还有监管问题：

1. 在我撰写本书时，受托人标准即将成为许多司法管辖区内财务规划的专业标准。这个标准带来的不仅是忠诚义务，还有尽职义务。投资顾问将有义务证明他们提供的建议是否称职。虽然对于什么是提供建议的核心存在争议，但毫无疑问，它必须包含为个人量身定制、易于理解以及从客户的生活环境出发全面考虑等要素。这些要素也是建议遵循的关键要素。

2. 帮助人们实现目标是我们的工作。因此，从没有达到目标的客户那里收钱并不利于与他们实现长远的合作。金融服务作家鲍勃·维尔斯认为，如果没有帮助客户实现目标，我们有道德义务停止与客户的关系……

第二章 | 人们为什么寻求建议

1. 您是否正在寻找摆脱长期困境的方法：我怎样才能让我的狗别再跳到人身上？

2. 您是否被许多复杂事务困扰，使您痛苦不堪：如果您的父亲出现痴呆症的迹象，您会怎么做？

3. 您是否需要一个自己无法获得的视角：我穿这件穆穆袍显屁股大吗？

无论是哪种情况，您寻求建议是因为您需要帮助来解决问题。您所寻求的帮助可能以多种形式呈现：信息、指导、保证等。如果该建议满足了您的需求，您也就清楚了要采取什么行动、作出什么决定。如果这次会面对您有帮助，你就会更加有信心、更加冷静。然而，如果该建议没能帮助您解决问题，那么您就会像刚开始时一样感到不满意或不安，甚至更严重。

有尚未解决的问题会使人精神紧张，而问题得以解决则可以使人恢复到心理平衡或生理平衡的状态。回到稳定的状态会使人感觉平静、清晰、安定。即使当人们寻求看似没有任何情感意义的帮助时，或者当他们最终拒绝接受建议时，这种平静或安定也会发生。（我们将在后续章节中深入研究这个悖论。）

但请记住：所有决定都包含情感因素。人们来寻求建议的过程本身就会使他们感觉到更安定。

集体智慧

回想一下您自己最近寻求建议的经历。向外寻求建议可能是因为您相信这会比您自己作决策更快、更好、更令人满意。也许您自己的决策是正确的，但与他人协商后的决策质量往往更好。

电视史上收视率最高的游戏节目之一是"谁想成为百万富翁？"。这个游戏要求参赛者回答一系列不同难度的多项选择题。任何错误的答案都会使参赛者即刻退出节目。当被问题难住时，参赛者有一次让演播室观众投票的机会，然后决定是接受多数人的答案还是坚持自己的答案。

我经常好奇来自各行各业的观众究竟可以为参赛者提供多少帮助。这些问题涵盖了科学、历史、娱乐等各个领域——这就像一个高风险版本的"琐碎追求"。非专业观众的集体猜测到底有多大用处？奥里和罗姆·布拉夫曼撰写的《摇摆：非理性行为的强大拉力》一书中表明，观众在90％的情况下都是正确的。这远远高于参赛者一开始的胜率。

如果您在国家电视台上正处于时间紧迫、生死攸关的时刻，有时向一群相对随机的非专业陌生人寻求指导是有道理的。[①]幸运的是，这种情况并不常见。更多时候，我们可以清楚地了解我们所寻求建议的人。这是一件好事，因为我们面临的决定通常要复杂得多。我们要寻求的答案并不是千篇一律的事实，而是更加微妙、更加个性化。尽管如此，关键信息仍然是：如果我们希望为我们的生活作出最好的决定，他人往往是我们最好和最重要的资源。

---

① 但并非百试百灵。根据布拉夫曼夫妇的说法，向俄罗斯或法国的观众寻求帮助并不是一个好策略。他们文化传统使他们更有可能故意给参赛者错误的答案。请把这一小段信息收集起来以备参考，以防万一有哪天你在莫斯科或巴黎参加游戏节目。

金融专家与纹身师的共同点

人们为什么要征求您的意见？人们希望从您那里得到什么呢？直到最近，关于这一问题的答案出现了新的声音：获得其他地方无法提供的产品或知识体系。

曾几何时，金融专家拥有特权，具有专属的交易工具和专业知识。如果人们想购买保险、股票、债券或共同基金，需要有专人为他们操作。在二十世纪九十年代中叶之前，几乎所有行业都是如此。培训和证书为专家们提供了对程序性培训、贸易出版物以及采购和销售权等领域的独家特权。监管指南也使相关知识被限制在每个行业的特定行会内部。纹身艺术家、股票经纪人、焊工、保险销售人员等职业也是相似的。

科技改变了这一切。随着时间的推移，秘密或专有信息在减少，而被视为"公共领域"的内容却在增加。获取知识和产品的过程正在稳步大众化。想知道女王钟爱的衣服品牌吗？渴望发现如何从生菜植物中去除蛞蝓吗？需要访问交易平台去购买一些低价矿业股票吗？只需点击几下鼠标，即可在几秒钟内完成所有操作。

上述变化究竟能带来什么好处？事实证明有很多好处。当被问及为什么求助于专家时，消费者给出的回答是理财和其他方面的原因。

为什么消费者会求助于专家

当您阅读以下消费者寻求帮助的目标时，请考虑如何将这些知识整合到您的营销、宣传以及服务中。

降低复杂度

人们往往认为更多的知识等于更好的决策，许多人现在格外注意收集关于他们试图解决的问题的大量信息。客户经常会展示他们所收集的大量研究成果，并渴望讨论他们的发现。但是收集信息并不会将客户变成专家，尤其是当该领域的技术性较强、相对复杂的时候（问问进行线上诊断的医生就知道了）。

真正的专家能够判断信息的可信度和效用。区分"小麦"和"谷壳"，需要专业知识才能将谷物准确地分类。而非专业人士不知道如何权衡信息之间的相对优点，往往过于看重最多人赞同的观点或排名最高的网站。因此，无用或完全错误的信息经常对消费者产生巨大的影响。

专家能够帮助消除噪声并定位信号。这对于面临难以抉择问题的人来说尤具价值。这种困难可能是因为选项非常地相似（例如都是社会责任主题的共同基金），或是因为选项非常地不同（例如，是用资金开展新业务还是退休）。情感对决策的影响越大，专家减少信息量并消除问题复杂性的价值也就越大。

开始行动

当青少年正在考虑选择哪些课程或追求哪些机会时，"保持开放"是我们通常给出的一条建议。它表明了我们的信仰：更多的选择等于更大的幸福。

人们喜欢选择，但当面对过多选择时，他们经常会停滞或退缩。心理学家希娜·艾扬格和马克·莱珀在2000年进行的一项著名的超市研究印证了这种趋势。杂货店的购物者在不同的时间看到同一个陈列柜，里面陈列着6种或24种不同种类的果酱供他们品尝。理论上更多的种类意味着人们会品尝更多的果酱，但当研究人员查看究竟是哪一种情况的果酱销售量最高时，他们发现是选择更少的情况。事实上，这种差异是惊人的。只有3%的顾客在接触24种选择后购买了果酱，而仅接触6种选择的访客中有30%进行了购买。

作者将这种差异归因于决策瘫痪，这种瘫痪是由于有太多的可能性需要筛选。此后产生了数十项相关的研究，旨在讨论"更多选择等于更少行动"这一主题。该研究已经为消费者心理提供了可靠的结论，并影响了商品陈列方式的变化。在人类行为的其他方面也有类似的发现。例如，相比于20个潜在伴侣选择，当有8个潜在伴侣可供选择时，单身人士更有可能去约会。无论我们是在选择甜酱还是在选择配偶，数量受限制的选项会使我们更容易作出决策。

个人理财领域也存在类似的现象，人们往往需要帮助才能将想法付诸行动。您可能熟悉债务偿还的"滚雪球"方法（源于电台主持人戴夫·拉姆齐）或控制家庭开支的"信封"方法（源于您的家人）。这些基础的财务管理方法之所以流行，原因之一是它们易于理解并能促使人们迅速采取行动。对于那些优柔寡断或由于不知从何开始而不知所措的人来说，这些简单的指导方针提供了一种快速、安全的途径以实现财务健康。"开始行动"会在信心和乐观方面产生相当大的附带效应，并增加未来行为改变的可能性。

节约时间

您可以轻松打开YouTube视频并了解有关养鸡业的所有知识。即便如此，您却更愿意买一盘鸡翅而不是在你的后院养家禽。尽管您可以轻易找到适合您车型的手册，但您可能更愿意花钱请一名机械师来更换变速箱，而不是连续几天被困在车底。大多数人都会很乐意地为节省时间而付费。

专业的投资顾问可以为那些太忙、缺乏技能、困惑或无兴趣的人节省时间。被节省的时间往往具有显著的显性回报。例如，将营业税交给会计师处理，弗雷德（一名个体经营的音乐家）起码可以免去八到十个小时的时间来仔细阅读说明和填写表格。弗雷德节省的时间还有其他隐形形式，例如不必为他的妻子买花，不必与联邦税务局的人员当面解释他肯定会犯的错误等。这些被节省出来的重要时间可能从未被您的客户意识到。因此，在开发营销策略时，一定要强调服务的省时优势。

让自己开心

这个原因与前一点密切相关。简单的成本与效益分析不能很好地评估获取专业知识所来带的好处，因为它涉及我们与他人时间的相对价值。获得他人的专业知识可以减少压力和避免烦琐事务。我们发现，交换和争吵不仅很耗时，还十分令人生厌。

1993年，生活方式先驱者乔·多明格斯和维姬·罗宾出版了《你的钱或你的生活》，该书后来成为二十世纪反文化标志性的金融建议书籍之一。在《你的钱或你的生活》一书中，他们写到了人们为谋生而进行交换，即用生命能量（主要为时间和才能的形式）换取金钱。他们要求读者深入地思考这种交易，确保用时间换取金钱对他们来说是真正值得的。

自该书首次出版以来，已有了大量试图阐明金钱与生活满意度之间联系的学术研究。研究结果表明，两者存在正相关关系，而使自己开心对这种相关性有着显著影响。拥有可支配收入的人们可以雇用他人来做他们自己不愿做的事情。由于"处理财务"列在最让人不愉快的事情清单上，金融专家此时就能发挥相当重要的作用。

使他人开心

有些客户出现在办公室只是为了让别人开心或者失望（在实践中，我将此称为服务的假释官模型）。如果您从事该行业已经有了一段时间，您的办公室内肯定有应他人要求而出现的人。他们可能会在那里拟定婚前协议，或者因为他们加入了信托基金，又或者他们正处理破产程序。他们可能是客户的配偶，可能是名字出现在您文书中的伙伴。他们也可能是暴富的百万富翁，刚在生意上大获成功或中了彩票，有人推荐他们来此，向您获取如何应对环境变化的建议。

不管是什么促成因素，这些客户通常是在他们个人生活出现动荡和变化的时候来找您。尽管这似乎不是一个理想的情况，但您的帮助可以为其个人及其家人或更广泛的社交网络带来极大的安心。您可能需要一些额外的时间和心理建设来克服他们最初因来到您那里而产生的怨恨、尴尬或不适，但与这些人建立积极的工作关系是完全可行的。

他们确实需要帮助的可能性非常高。建议他们来此的人也同样可能需要帮助。您的首要任务是弄清楚他们是否首先需要的是您的帮助（而不是治疗师、律师或保释员的帮助），如果是，再思考如何增加他们接受建议的可能性。我们将在第六章和第七章中详细探讨。

提升信心

咨询专家的又一常见原因是提高对预期行动计划的信心。人们希望确保他们没有忽视任何可能最终让他们处于不利地位的重要因素。当您采用不同的决策策略或者提供不同的信息来源时，都会给咨询关系带来额外的价值。

加拿大财务规划标准委员会进行的一项研究证实了专业性在这方面的价值。该研究跟踪了资产范围从普通到富裕的加拿大人。结果显示，与财务规划师进行全面咨询后客户的财务与情感健康程度显著增加。相当惊人的是，每个被调查领域的置信度都有明显增加。专家的理财建议不仅增强了人们的信心，使他们坚信正在实现未来的重要目标，而且还增加了他们应对生活挫折的信心，当下钱能买到的好东西都不必放弃。2017年富达养老事业部的调查报告也强调了类似的信心增加。

许多投资顾问可以从他们自己的客户名单中举出过度自信的例子。[①]尽管这些客户在他们的记忆中很突出，但他们并不典型。更普遍的情况是，客户不确定某事，并担心他们未知事情会伤害他们。他

---

① 人类倾向于寻找与他们意见一致的人，并且倾向于寻找证实他们自己想法的证据。这种现象被称为确认偏差，是顾问和客户都需要警惕的事情。当面对"多刺"或固执己见的客户时，顾问可能会不愿意将与之矛盾的信息提请客户注意，而是更愿意默许或缓和意见分歧。

们在确信已经考虑了所有相关因素并制订了一个令人满意的行动计划后，才会离开您的办公室。如果您能给予他们这种信心，他们就更有可能坚持他们需要做的事情。

作出更好的权衡

请考虑如下的问题：

1. 是选择更低的养老金并确保更多的退休福利好呢？还是从一开始就选择更高的养老金？

2. 是搬到更大更便宜的郊区住宅但增加通勤时间好呢？还是住在现在的市区小房子里并继续享受便利的交通好呢？

3. 是把遗产留给忘恩负义的后代呢？还是全部捐给松鼠救援避难所呢？

这些问题都很难只用事实信息来回答。数据研究可以给出一些方向，但也只是一部分，真正能够提升决策质量的是来自他人的个性化关注。这个人需要熟悉你的家族历史、生活方式和价值观，并愿意花时间和你进行相关话题的对话。

丹·艾瑞利是一名心理学教授，曾撰写过几本关于行为经济学的畅销书。他一生致力于研究人们如何以及为何作出决策。他的一大发现就是人们经常不知道如何理性地选择，更不用说明智地选择了。幸运的是，他让我们知道，人们可以在引导下作出更好的权衡，只需要让他们考虑一些他们通常会忽略或者高估的事情。鉴于这种需要，他坚称金融顾问应该更为积极地思考他们应该给客户提供什么帮助。与其在年度会议之前花一个小时精细地调整客户的投资组合，顾问更应该和客户讨论消费和储蓄模式，以及如何在日复一日的决策中实现消费和储蓄平衡。

艾瑞利发现顾问通常不喜欢他这个提议。他们会抗议道："这又不是我的工作！"但艾瑞利认为："为什么不呢？"是啊，除了金融顾问，还有谁能够帮助客户同时作出有关精算和生活方面的决策呢？做这样的事情能够使咨询真正达到技术上和个人生活上最高度的融合。

获得鼓励

我的教会最近发出了调查问卷，询问人们为什么会来参加每周的教堂礼拜仪式。其中一个主要的问题是"你来教堂最想体验和收获到什么？"最热门的答案就是鼓励。

我也在日常的金融治疗实践中看到了同样的诉求。来参与治疗的人们通常有着痛苦的消费经历，或者正面临着困境。他们有些做出过失败的投资决策或者过度消费；他们有些经历过巨大的人生挫折，比如失业或者离婚。但由于参与金融活动的保密性和羞耻心，人们会发现，当自己需要支持和鼓励的时候，却无法得到它们。

温馨和快乐确实对那些想要改变长期的不良习惯的客户来说尤为重要。当客户在改变他们的行为时，会由于旷日持久而变得沮丧或者抵触，您的鼓励能够帮助他们坚持不懈地走下去。但是，一旦客户在连续两到三个月内展现出积极的改变，金融咨询机构就通常不再紧密关注并支持客户了，但这个时候恰恰是最需要关注的时间节点，因为客户的热情有可能开始消散，可能是因为他们在生活中遇到了意外事件，或者他们游手好闲的兄弟开始让他们做一些违背之前计划的事情。

可以去责怪某人

在我生活中，拥有可支配收入的幸福之一是我可以雇佣房屋清洁工。清洁工能够带来之前提到过的好处，比如"节省时间""让自己开心"。但还有一个期望之外的好处，当有东西不见的时候，我总是去责怪清洁工。当然，我只是在脑海里责怪她，并没有说出来。因为实际上这可能是孩子或狗的问题，而不是她的错。

显然，并不只有我一个人会在责怪别人时感到舒适。我见过许多夫妻跟我说，他们雇佣金融专家的主要原因是，当家族生意或者退休计划出现问题时，他们不想去应对另一半的怒火。有相关研究支持了这一观点。在一份2016年的调查中，研究者发现，有些人委派任务主要是为了摆脱责任，而不是为了更符合逻辑的理由——获得明智的建议。

感到更安全

从另一个角度来说，当事情失败的时候，有某人可以去责怪被看作一种黑色幽默，就像是"信任某人的专业知识使你感到安全"的变种。当然，更安全的体验感的重要性会远超责怪。人们咨询专家的主要原因之一还是他们想经历那种在本章开头强调过的冷静、安心的状态。

在社会心理学家罗伯特·恰尔蒂尼的《先发影响力：影响和说服的革命性方式》一书中，他讨论了专家在人们决策过程中的影响力。当人们不确定该做什么或者如何思考时，一些具有合法性资质或专业知识的人能够使得人们像环法自行车赛的选手那样，跟在他们信任的人后面"吃饱喝足"。

功能性神经影像学研究让科学家们看到了人们在身处不同的认知任务中的大脑活动。证据表明，专家的存在能够改变人们处理信息时的大脑活动，或者说，此时大脑实际上不再处理信息了。在专栏作家杰森·茨威格的"你的大脑如何面对投资建议"研究中，参与者被要求自行作出困难的金融决策，或者接受指定专家的建议。当自行决策的时候，实验主体在权衡选项和观点的大脑区域展现出了活跃的脑活动。正如我们所料，大脑在这种情况下会努力工作来作出决定。但是，当实验主体能够接收到指定经济学家的建议时，他们的脑活动就彻底改变了：在这种情况下，涉及作出决策的大脑结构看起来就像进入了冬眠。人们的大脑看起来更像是处于祈祷活动中，具有信任的、不关键的、安全的感知特征。

这些发现应该会使你大吃一惊。客户其实会因为您的专业知识给予您很大程度的信任。虽然这通常是一件好事，但它有时候也会变得危险。这个"吃饱喝足"的模型能够为那些持续地回避和无视金融决策的客户提供一个方便的借口，并且它反映出您对客户的信托意义，那就是作为顾问，您如何得到客户真正的知情同意？他们可是非常信任您的，并且愿意签署您给他们的任何文件，不管是否真正理解了文件内容。顾问在这样的环境下给予建议，就要求顾问在理解客户的期望和担忧上一丝不苟，而不仅是遵循相对敷衍和无用的公司协议。总而言之，尽职尽责才能确保您和客户在各个层面的安全感。

是什么阻碍了这些目标的实现？

前文总结了客户寻求建议的主要目的和接受建议的主要好处。当然，有时候人们并不知道他们寻找顾问的真正动机。他们也许会说他们想要专家建议，但他们真正想要的是外部信息；他们也许会说他们正在收集更多的信息，但他们实际渴望的是更强的洞察力。在现实中，客户想要的东西和顾问想要处理的东西会有更大的差别。这样的偏差或者不匹配经常会导致好的建议被忽略。

一个更深远的问题是，给予建议的人容易过快地提供解决方案：不管是资深的还是新晋的专业顾问，他们理所应当具有的自信会导致他们在充分了解客户的真正需求之前，经常过早地提供方案。这个问题很令人倒胃口，并且是之后方案无法贯彻执行的主要原因。

还有一个相关的问题是，一些专家倾向于主导对话的进行，尤其是在最重要的首次会议上。出于让客户印象深刻或者展现自信或者敲定合同的目的，金融专家会谈论他们的操作流程、他们的竞争优势、他们的各种方案等……但是客户只想确认他们能得到很好的照顾，而让此发生的最好方式就是让专家花时间去了解客户为什么要来找他们。

如果您想要满足客户，那么充分表达出您想要满足他们需求的意图就尤为关键。您需要确定客户或者潜在客户在与您的会议中想要什么或者想要达到什么样的结果。你需要在每次会面时问清楚客户想要获得什么样的体验或者目标，即使你觉得你已经知道答案了。这样做的原因在于：

1. 这是一种谦恭有礼貌的交流方式。

2. 这提升了会议的有效性。这些问题在一开始是为卫生保健从业者设计开发的。如果神经外科医生能够认识到问这些问题能够节省大量时间，也许能够给您提供更高效的服务和治疗。

3. 这消除了客户最大的担忧，并且能表达出你愿意成为他们思想上的合作伙伴。

4. 这会帮助客户说出那些他们原本不愿意说出的担忧。

5. 在面对夫妻客户的时候，这会帮助你满足夫妻双方的需求。

小结

人们在任何生活领域寻求建议的根本原因是他们想要寻求帮助来解决问题。他们正在经历一些不确定的事情或者不情愿自行处理的问题。甚至当一个问题看起来完全能够被他们自行解决的时候，人们也仍然有寻求建议的感性诉求。这是因为不确定性会导致一定程度的不适和痛苦。当这种认知上的不确定性被解除之后，人们内在的紧张和焦虑就会消除，转为安定的状态。

客户寻求建议来解决问题，从而能够让自己感觉更踏实安心。您越能令客户越安心，客户就越会把您当成一个值得信赖的、有价值的顾问。

客户黏性助推器

1. 每次会议开始时都要有明确的议程，并且询问客户：今天我们讨论哪些内容会最大化地利用您的时间、能量和金钱？您希望的会议产出是什么？

2. 有时候，基于你提供的服务类型，答案看起来会不言而喻。一个帮助报税的人能够相当确定他的大多数客户就想让他搞定他们的报税。如果您也在类似的场景中，那就对您的问题稍作修改，但还是要确定任务的目标以及它是否已经被完成，比如您可以这样问：有没有其他的事情是您想让我解决的？

3. 有时候，您也许可以提前通过电子邮件为老客户准备好会议议程。当然，您要在会议开始时重新确认议程，因为客户可能会提出新的困扰。同时，当会议还剩下五到十分钟时，确保您重新回到议程并且询问客户：我之前问您最想通过本次会议获得什么的时候，您是如此回答的。我们是不是已经完成了这一目标？还有其他什么事情是您想要讨论的？

4. 确保不要让任何会违背您们的目标的事情发生。比如问客户，还有什么事情会使您感到不安或者不确定的吗？

现在是时候开始讨论FACTS并且为这五个因素的应用做更深层次的测试了。我将从T因素（您和您的团队）开始，因为它将奠定您审视机会和责任的方式。①

---

① 聪明的读者已经注意到这里把FACTS转成了TFACS。你们中的许多人也许会感到不解，因此请接受我的道歉，深呼吸并往下看。让您的大脑偶尔变得非线性也是有好处的。

第三章 | 顾问和团队常见的几类错误

　　根据研究发现，导致客户黏性低的一个主要原因是投资顾问自身以及其背后围绕和提供客户服务的团队。在实际中，客户往往会自作主张地犯各种各样的错误，并且会可预见地导致困惑、状态失常、情绪波动、沉重的家庭负担、信息忽略、作出冲动的投资决策的问题，并完全结束顾问关系。

　　在这样的情况下，投资顾问往往会很容易失去耐心，并抱怨："我来不是为了这些，过往的业绩可以证明我投资建议的有效性，客户要么听，要么离开"。但这是不对的，不仅是投顾，也包括其他许多的领域都越来越难容忍这样的问题发生。从工业到政府再到医疗保健，无论是产品还是信息的供应商，都在努力确保终端用户正确地使用：例如，"为机器增加防干扰安全装置""为滑雪场设计最有效的标志""药瓶设计得成年人比较容易但孩子难以打开"等。金融投资领域也是这样，投资顾问必须尽力确保他们的建议得到客户的认可并正确地实施。

那是否意味着作为投资顾问的您，必须服务所有的客户并让他们满意呢？当然不是！对于哪些一直都不太听从建议的客户，无论是从道义出发还是为了您自身，都应该及时中止服务关系（这一点会在第十章详细阐述）。但在您作出最终的决定前，还是请认真思考是否是由于自己的原因导致顾问合作关系走到了不可挽回的情况。

顾问和团队的第一类错误：未将客户粘性视为共同责任

真正优秀的投资顾问会意识到根据客户实际的情况给出可行的投资建议的重要性。他们会积极寻求各种方式，同客户一道确保后续执行。同时提前让客户知道他们所期待的反馈。这样的投资顾问会以"成长思维"将整个团队组织起来，确保各部分工作的执行和落地，共同担负起保障提高客户黏性的职责。

从自信到自大和傲慢

当涉及专业领域知识和投资建议时，一些聪明的顾问会相当的自信，以至于一定程度上会转变为自大和傲慢。这种思想上的自信加上行动上的高效，会自上而下地扭曲他们的行为，从而无法给出真正有效且令顾客信服的建议。以下是一种固有的观念，虽然出发点是好的，但却会造成服务的傲慢：

"我们是专家，在这里是指点您的。我们会尽职尽责地指导您，为您争取最大的利益。同时，您需要告诉我们想要知道的一切，并按照我们说的去做，或者让我们去帮您做。如果您不听，那就是您的问题。如果是这样，我们会进一步说服您，让您听从我们的建议。如果您还继续固执己见，那我们就不管了。"

您可能会问，这样有什么问题吗？您可能了解到一些业内非常成功的个人和公司就是这么干的。[①]首先这种方式存在很多错误的假设。其中一个主要的错误观点就是：不需要花费太多的时间在了解客户上，也是可以给出好的投资建议的，哪怕这个客户的过往经历、信仰、期望和知识结构等与您完全不同。这些不同并非偶然发生、无关紧要或互不相干，反而可能与客户想从您这得到什么样的建议密切相关。同时，您也需要从客户身上得到这些信息，以便给出真正符合客户需求的专业投资建议。拒绝了解客户的真实情况不是一个好的从业习惯。

另一个错误的观点是客户随时都会毫无保留地合作，并给出所有您所需要的信息。在本书其他地方也讨论了诸如涉及信任问题的理财经历、重大生活变故等情况会带来的变数和困难。这些问题会严重地影响客户的心智和能力，以至于无法执行您给他们的建议。

还有一个错误的观点是凡是不同意您观点的客户都是错的。这种时候，您需要进行一下自我反思。您可能是对的，但也无法保证您永远正确。不幸的是，在自大的顾问团队面前，客户往往会控制他们观点的表达。这种自上而下的威权建议是一种非常老套的模式，并不适用于年轻的一代，因为他们从小就被培养要确信自己的观点和意见。

最后，这种建议方式几乎没有提供任何增值服务，特别是在人际关系领域，其他便宜的竞争者能非常容易地撬走您的客户。一旦客户发生重大的生活转变，并随之从根本上怀疑您的时候，就会离您而去，而这一切都是您无法干预和控制的。很多所谓的"理想客户"在和您建立长期的顾问关系后，会突然在某个这样的节点，与您分道扬镳，因为他们并不相信您是否能真正理解他们的真实境况。"无法真正理解客户的目的和目标"被公认为是投资顾问被解雇的五大原因之一，重要性仅次于"未能及时沟通"。这些客户通常会得到一个正确

---

① 这种方式对那些和您相处得来或者非常忙碌，并且（或者）高度信任您的客户，在最初的阶段可能会有效。

的结论，那就是投资顾问对他们需要和想要的一无所知。

当同理心成为拖累

如果说刚愎自用的投资顾问被认为对客户太"硬"了，那么过分善解人意的投资顾问就会被指责太"软"了。尽管在某些读者看来这是天方夜谭，但确实存在投资顾问过于迎合客户情绪的情况。

心理学家保罗·布鲁姆2016年出版的《要理性同情，不要共情》一书中提到，过度共情是完全有可能的。而过度共情会引起一系列的问题，包括导致旁观者原本可以但却无法提供有效帮助的负面情绪的传导、丧失全局观察力以及尽快止损的下意识反应的丧失。

在我指导的一些金融专业人士中就有过这种情况的发生。我见过信托管理人在确认委托人婚前协议时上拖延，因为他们不想给别人的快乐时刻蒙上阴霾。我曾与一些规划师合作过，他们在解决严重超支问题时尽力避免过于尖锐，因为他们害怕引起不安或加剧客户的家庭冲突。我总是听到投资顾问抱怨，因为过分照顾客户的情绪状态，他们很难拒绝客户因恐慌而提出的"全卖了"或者兴奋地坚持"现在就买"的要求。这样的从业人员是无法服务于客户的长期利益的。由合格训练的从业人员给出的客观建议本应是坚实的基础，却被过度的妥协迎合所侵蚀，而没有任何人从中受益。

这种错误的迎合方式甚至会违反道德伦理。这是一种已被心理学家确认的风险，他们在很长一段时间曾将共情（再加上一盒纸巾）视为一种基本的职业工具。但是一项研究发现，三分之一的心理医师认为在面对比如说某位同事的不道德行为时，他们可能无法正确处理。由于牵涉到情感，他们可能非常纠结。就好比有两种伦理道德在内心中斗争：一种是更抽象、更高层次的考虑，而另一种是更具体的、更现实的，不给任何人（包括自己）带来麻烦的想法。理性上知道正确的做法不等于我们能感性地去处理。太过于共情会妨碍明智和正确的行为。

"恰到好处"的顾问

就像金发姑娘原则一样，我们需要找到中庸之道，对于投资顾问来说就是要在刚愎自大的硬汉和任人揉捏的棉花糖之间取得平衡。最好牢记第一类错误，并将提升客户黏性作为共同承担的责任。在2012年金融规划协会的一次演讲中，《视而不见》的作者玛格丽特·赫弗南明确表示她赞同将投资顾问与客户的关系类比为"思想伙伴"的观点。她表明，其中一个必要条件是双方都必须有意识地将自己的一部分权威或自主权让渡给对方。关于客户，金融专业人士并不了解所有需要知道的信息；关于理财，客户也并不了解所有相关的知识。有了这样的共识，双方就可以更自由地探索，质疑假设，并探讨在实际执行上可能有什么问题，而不是一上来就找各种证据来证明自己是对的。

当您过于优秀，人们就会质疑

在我工作的大楼里，有一些医药研发的同事从事针对难以治疗的自身免疫性疾病的药物研究试验。在整个试验研究过程中，他们必须遵守科学严谨的协议，跟踪患者多方面的疾病指标。同时，也面临很多患者在实际执行时的变数，例如没有按时、按剂量服用，中途停药等。前段时间，某制药公司下令立即停止某项研究，并开始紧急审计。什么问题呢？因为上报上去的客户遵循率过高。从总部派来的审计人员，主要目的就是要找出导致数据偏差的原因。是研究人员不明白如何对缺勤或漏服情况进行记录吗？还是他们故意修改了数据来让记录结果看起来更好？到底发生了什么呢？

我其实本可以告诉这些审计人员不用出这趟差。我的同事们没有做任何科研舞弊的事情。相反，他们竭尽全力让患者尽可能容易地去做他们应该做的事情。更值得注意的是，他们是通过高度的热情和亲密的联系做到了这一点，以至于患者都期待过来。患者们提到了许多方面的原因，包括协调员在安排交通方面的帮助，接待员的热情好客，医生对他们最新情况的耐心倾听等。日复一日的研究内容其实都是令患者不快的（给他们注射实验药物）且耗时的（填写各种报表）。患者们一致信守承诺的情况在其他研究项目中从未出现过。患者对震惊的审计人员说，他们如果不遵守执行会感觉愧疚，因为这会让相关的医生和工作人员感到失望。之后，一位审计人员跟我开玩笑说："我都想得病了，这样就可以成为您们的研究对象！"

在他们审查的同时，我本人就在大厅下方。我很好奇如果只由我一个人来负责，面对突击审核时患者的遵守执行会是什么情况。会和他们取得的成绩差不多吗？我很失望地承认，不会。不过我想我可以不必太苛责自己，因为我没有制药公司的资源在我身后协助打造如此优秀的支持团队。随后我尝试从吉百利和维多利亚的秘密获得企业投资，但都铩羽而归。那个时候我就明白了必须要找到一些低成本的方法来提升我的客户黏性。然后，我尝试从文献中寻找哪些做法会带来巨大改变。关于客户黏性的探索对我和我的客户产生了巨大的影响……并促成了这本书的创作。当您开始采用本章和其他章节中阐述的建议时，您也许将在一些优秀的方面受到质疑！

让我们讨论一下投资顾问和团队需要避免的另外三类错误。

顾问和团队的第二类错误：让人觉得自己很傻

您还记得每当下大雨时发愁沙发被水淹了该怎么办吗？不记得？我也是，但现在我们不是一个人在发愁了。试想我们其中一个发明了放置在家具下面的充气筏，随时准备在客厅发大水时打入气体。另外一个是一位经验不足但很富有的投资者，他决定为这项发明打入七万美元。

家具充气筏这个想法可能有点古怪，但却很形象易于理解。深入浅出是所有客户对投资顾问的期望，尤其是在讨论复杂的人性和商业金融世界时。这也是客户，无论从情感上还是认知上，第一时间想找您（在第三章中已有讨论）的关键因素。

能够化繁为简是一种特殊的天分，在现实中很难做好。看看棒球球星托利·亨特告诉《体育画报》撰稿人帕布罗·托尔关于他和知名金融专业人士交谈的经历："一旦聊到金融领域，他们听起来像在说日语。" 又比如棒球运动员"火箭"伊斯梅尔说："我曾经与一家大型投资公司会面……这简直就像在听查理·布朗（漫画人物）的老师说教。"伊斯梅尔还将这与一个后来骗了他很多钱的音乐制作人作比较："这家伙真的很会聊。"事实证明，大多数后来被揭露为骗子的人都很能聊，并且其中不少人的想法都很天马行空。

当聪明成为烦恼

您是一个很健谈的人吗？我们大多数人都不是，至少，不是我们的客户所期望的那样。他们想要和我们能在一个频道上进行沟通。但往往学历越高，越不容易做到这一点。

罗伯托·特罗塔是一位天体物理学教授，这个领域很多人觉得有点难以理解。几年前，他决定接受一位同事的挑战：让大众更容易地了解这个学科。挑战最终以罗伯托的著作《天空的边缘：您所需要知道的一切》结束。该书仅使用最常见的一千个英语单词来解释宇宙的相关理论（为了让您对这一挑战的难度有个直观的感受，举个例子，罗伯托不会在他的书中使用诸如宇宙、粒子或星系等词语）。尽管这被认为是一项难度极大的挑战，但有趣的是该书在出版几个月后迅速成为最畅销的书籍，同时罗伯托也成为广受欢迎的演讲者。人们喜欢这种能够理解天体物理学的体验。

神经科学家兼作家丹尼尔·列维京描述了与比您水平高出一个、两个或者三个等级的人一起工作是一种什么样的感觉。他认为向高出一个等级的人（或者就像罗伯托那样自降段位的人）交流学习是更容易的。但当差距扩大到两个等级时，两人几乎无法在同一频道上交流，当然如果您不气馁的话，您仍然可以学到些东西。但您不会认为这会对您有帮助。如果是三个等级以上的差距，丹尼尔认为两人是根本无法交流的，但您反而可能会觉得他们还不如只比您高一两个等级的人，因为您根本无法想象他们在想什么以及为什么那么想。

这就是"知识诅咒"问题。一旦我们了解了某件事情，我们就会因为知道它而发生改变，并且以为所有人和自己一样。想想您自从上学以来学到了多少知识，获得了多少证书，您比之前没有学习过这些的自己高出了多少水平。仅词汇量的变化就令人震惊。就医生来说，他们在培训过程中学到的新术语就超过一万三千多个。对于金融学的专业术语，我没有进行相应的研究，但我猜是差不多的。您应该已经学习了与经济理论、统计、税法、贷款法规、投资工具、保险产品、市场力量等相关的许多专业概念和术语。

当您与客户的谈话时，时不时蹦出专业的词汇，会很快令客户无法跟上您的节奏。而客户最终的情绪状态，可能和您想要的恰恰相反，他们会感觉缺乏信心和难以应对，而不是自信和平静。2017年，一项关于金融教育计划失败的课题直接研究了普通人群在面对复杂专业资料时的情绪影响。受访者告诉研究的合作者尼克·塞克罗普，许多举措"让他们因缺乏理解而感到愚蠢和内疚"，如果他们从这个角度出发，他们很难对信息有整体的理解。

类似的事情同样发生在我组织的"女性与财富"的小组活动中。当我问参与者们为什么还有人没有会计师或投资顾问时，一些人会感到尴尬，同时他们没有再去和别人聊类似话题的勇气。大部分这样的问题其实是可以避免的，投资顾问需要明白他们其实不需要给客户留下深刻印象或过多地教育客户，只要让客户尽可能地了解并参与其中就好。

顾问和团队的第三类错误：说得太多

不仅是"知识诅咒"，"喋喋不休"也是横在投资顾问面前的拦路虎。太多的投资顾问错误地认为说得越多，对客户就越有价值。很多时候一旦客套结束，许多投资顾问就开始连篇累牍地介绍他们的背景、资质、投资流程、投资理由……长到客户都开始发呆。这些投资顾问，往往还会给客户提供一份从未读过并且晦涩难懂的书面综合计划，而这会让情况变得更加糟糕。

事实证明，在交流过程中，客户满意度其实与他们说话的多寡直接相关。您需要让他们自己把所有关键的问题讲出来，同时您也须养成耐心深入倾听的习惯。这是您能够提供既实际又充满温度的投资建议的唯一方法，只有这样才能达到您想要的那种状态，那种真正能够帮助客户的状态。

以我在医疗和金融行业的经验来看，要让专业人士克制住说话的冲动是非常困难的。据统计，在诊断过程中，平均每18秒医生就要打断患者的陈述。只有不到四分之一的患者能够在医生打断他们之前完整地陈述自己的病情。同样地，没有金融人士这方面的统计数据，但我敢打赌，实际结果只会是同样甚至更加糟糕。

需要记住太多

您也许不认同上面的说法，尤其当您的客户受过良好教育的情况下，他们能够完全理解您说的一切东西。这个时候"知识诅咒"可能不是问题，但是"喋喋不休"一定是。研究表明，受过良好教育的客户确实更善于理解，但在需要记住并遵守的关键问题上，并不比其他人强。当生活发生较大变故时，受过良好教育的客户会和其他人一样沮丧，很难集中精力参与进来。如果把大脑比作汽车的话，可以说受过良好教育的客户可能拥有更高功率的引擎，但他们的油箱和座位数却是一样的。所有人的能力都是有限的。

执行度差

区分客户到底是有意还是无意地不遵循建议是非常重要的。无意的主要原因之一是忘记了。交流持续的时间越长，客户就越容易忘记他们答应过的事情（以及为什么要答应的原因）。

而故意不遵循建议的最大原因之一是客户对您为他们制订的投资计划从内心深处缺乏认同和理解。"意外之财学院"的创始人苏珊布·拉德利认为：当客户在协助下了解了他们最深层次的理财目的和意义并共同参与制订与该目标一致的计划时，他们参与度和执行度都会增加。这些客户在推荐的行动过程中投入了情感，而不仅仅是认知和经济层面。客户的参与度越强，执行得就越果断、越坚决。

您花在倾听上的时间越多，就越容易为客户提供这样积极的体验，从而同时提升参与度和执行度。因为能够产生共鸣且真正有价值的东西，更容易被记住并执行。从您的角度来看，多倾听也会增加客户自己提出方案的可能性。同样地，这样做可以提升客户的执行度，因为这是他们自己参与制订的解决方案。

顾问和团队的第四类错误：先入为主

我儿子的钢琴老师跟我说了这样一个故事：

当轮到我只有四岁的儿子演奏那部令人心碎的经典作品《玛丽有只小羊羔》时，他笑着走上舞台，向观众鞠躬，坐下，并进行了一场完美的表演，但有一个小问题，他把所有的音都弹高了四度。

这个小家伙似乎养成了通过找厂商名字（刻在琴键上方的镀金字母）来找音符Middle C的习惯。一旦找到了字母，他就确信Middle C就在正下方。遗憾的是，音乐厅里的是一个不同品牌的钢琴，字母和音符之间的对应顺序完全不同了。所以虽然在技术上是完美的，但最终的表现还是有些偏差。演奏到最后，小家伙从凳子上下来，向观众鞠躬，然后愤怒地吼着："这架钢琴太烂了！"

任何以提供建议为生的投资顾问都会想在某些时刻指责"那架钢琴"。对于一个四岁的孩子这还可以说是有点可爱，但对于成年人就尴尬。事实上，这是一个恶劣且无效的习惯，但我经常看到这种行为（并且我自己也会这样）。

我们没有办法不去评判其他的事物。这就是我们的神经连接方式，而这种方式无疑为我们祖先成功地存活下来作出了贡献。但就像任何其他先入为主的认知（或心理）一样，我们对他人的判断很容易出错。我们只看到了别人的一小部分行为，然后推测他们在其他任何时候都是这个样子。我们听到了别人的一小段故事，就开始将他们分为好的或坏的、聪明的或愚蠢的、被宠坏的或靠自己的、有能力的或无助的等。一旦这些不可避免的偏见先入为主，我们就更加难以发现并承认其实我们的认知是错误的。尤其是当别人的决定和情绪反应与我们不同时，我们特别容易对他们形成负面的印象。

在一些企业，办公室里经常充斥着关于客户的尖刻意见和粗鲁言论，且无人反对。这个时候您站出来努力制止这种坏习惯就非常关键。团队里面可以讨论某些客户很烦人或难以合作。这些讨论可以进一步创造想法，以便更容易地与他们合作。但不能给客户起外号、翻白眼或笑话客户。一块很好的试金石应当是这样的：假设有问题的客户听到关于他们的评论，他们会不会结束合作？如果会，那么您团队的这种"放任自流"的倾向应该加以控制。

处理强烈的情绪

您肯定会有面对客户出现强烈积极或消极情绪的时候。很多时候，这种情绪是直接针对您的，不管是否与您有关。当市场急剧下跌时，当税单出乎意料地高时，或者当客户意识到他们的净资产上涨到超出他们想象的任何水平时，他们很有可能会出现一些剧烈的情绪波动和强烈的冲动。而在其他时候，关于个人信仰和事件的强烈情绪只会在您面前表达（而不是直接针对您）。几乎每个与客户财务打交道的顾问都必须面对他们在发生人生转变（丧偶、退休、生意问题等）时的情绪波动。

罗纳德·杜斯卡博士是一位商业伦理学家，为金融专业人士撰写了很多文章并提供广泛咨询。他认为金融从业人员有义务帮助客户解决情绪波动以及金融危机带来的各方面问题，而不仅仅是简单地计算数字。这是一项艰巨的任务，需要您有能力让客户愿意讨论深层次的个人问题，同时要求您对财富有着自己的探索经历和明确的价值观。此外，还要求您了解自己能力的边界和专业服务的范围。当超出您的服务边界范围时，您知道应当推荐客户向心理咨询和其他方面的专家寻求帮助。

鉴于遇到情绪化客户的必然性，您应该磨炼并提升自己的专业技能，以便在这种情况下能够保持定力和处理能力。在与众多金融人士认识共事多年后，我认为保持平静和热情是主要的情感技巧。平静是一种品质，可以让您在强烈的情绪面前保持冷静和沉着，而不是表现出防御性、冷酷、被动反应性或被它破坏的状态，而这需要相当的自我管理技能。在《促进财务健康》一书中，作者布拉德·克朗茨、里克·卡勒和泰德·克朗茨建议更多的金融从业人员应该通过自我反省来提升这种保持平静的品资。这可能涉及要践行"一切与您自己的财富脚本相关的意识"（您根深蒂固的财富信念和价值观）以及与心理咨询师或培训导师合作以实现您自身的成长或恢复。

当您具有这种坚定不移的品质加上温暖热情相伴时，您很可能会被客户视为始终将自己的利益放在心上的人。相反地，如果没有这种温暖热情，您会像星际迷航中的斯波克或生活大爆炸中的谢尔顿一样——也许会被认为是伟大的"量化"天才，但不是一个会在客户面前发光的人。每个类似斯波克或谢尔顿以及所有僵硬的顾问团队成员需要做的是眼神交流、点头以及微笑。这三点是温暖热情的主要表现。

爱德华·约翰逊博士针对与客户建立积极合作关系的影响因素进行了大量研究。在他的《在临床监督中一起工作》一书中，约翰逊强调，温暖热情是从业人员与客户建立情感联系的关键要素。当与讨论如何实现目标和任务相关时，这种温暖热情就是客户和投资顾问之间建立牢固联盟的基石。而这种关系本身也会成为使客户能够坚持执行以实现最终目标的动力，尤其是在艰难的情况下。

小结

投资顾问可以很大程度上解决建议被客户忽视的问题。为了防止建议被忽视，在客户参与的整个过程中，您和您的团队需要将遵循建议当作您与客户共同承担的责任。而当投资顾问使用客户不熟悉的语言和概念、过多地主导谈话或者当他们对客户采取先入为主的批判性立场时，都会有损最终的客户黏性和执行度。

客户黏性助推器

坚持下面一个或多个策略：

1. 在您的团队内部进行客户黏性差的原因分析和培训。确保所有团队成员都认识到客户黏性是他们与客户共同承担的责任。让他们分享那些感到压力、拖延或焦虑的案例，增加他们对这一概念的感性认识。让他们意识到如果此类问题发生的频率下降，会给他们的工作带来怎样的变化。

2. 记录下您和您的团队所遇到的每一个不遵循建议的案例——无论是您的、团队的还是客户的。每个月召开专门的例会，针对常见的问题，集思广益讨论可行的解决方案。您可以看看本书中提到的策略是否适用，也可以给出一些自己的解决思路，并让每个人选择下个月采用什么措施来提高客户执行度。四周后，汇总所有策略措施的效果。（并非每个成员都需要选择同样的办法）根据情况进行相应调整，并应用到下个月中。这样的活动至少每年一次。

3. 遗忘是造成无意不执行的重要原因。确保您有一套系统的方法来保障您想要采用的策略能够顺利实施（无论是本章中的还是任何其他策略）。例如：

列出第二章中提到的议程设置问题，在每次会议开始时进行提问，并检查他们是否达到了设定的目标。

将第四章中客户黏性助推器的相关问题放到您现有的"了解客户"的流程当中。在每次联系客户之前，将可能的答案记录在您会看到的地方。

4. 努力成为一个"真正优秀的沟通者"来对抗"知识诅咒"。在采访和给客户材料中尽量不使用专业术语。首先，先将您可能提供给典型客户的每条书面信息展示给老客户或与他们类似的人。给他们一支荧光笔，让他们把不好理解的内容标记出来。然后对比，再用客户易于理解的方式重新进行表达。

5. 缩短会谈时间：会谈持续的时间越长，客户就越不容易记住约定的事项和原因。在会谈结束后的24小时内，向客户发送一份会议纪要，总结讨论了哪些内容和约定的执行事项，并为您和客户安排好后续的完成日期。

6. 不要假设客户自己能够理解你们一起讨论的关键问题；相反，要想办法确保他们理解。同样地，也要确保您自己了解所有必需的客户信息。在每次会谈结束时，询问客户：

"您觉得我正确地了解了您的情况吗？"

"您还有什么问题或信息要问我吗？"

"您能用复述一下我们接下来要做什么，以及为什么这样做吗？"

7. 关于对待客户热情友好方面，对团队进行一次检视。眼神接触、点头和微笑是三个主要的热情友好表现，也是您很好的审核切入点。团队成员是否经常表达出兴趣和意愿想要和客户持续交谈，或者他们不经意间流露出一些缺乏包容性和关注的态度？不要忘记进行自我反省。找您信得过的人，问问他们您是否在交流中始终表现出了热情友好的状态。如果答案是"否""很少"或"有时"，那么您自己也需要训练来提升相应的技能。

8. 想办法与即将流失的客户进行退出谈话，或聘请外部资源为您做这件事。一次好的谈话足够引起一段时间的反思！

下面让我们来谈谈FACTS模型中的"F"——考虑金融领域的哪些方面会让投资建议难以执行。

第四章 | 人与钱之间的内在特性

两个心碎的故事

两段很久以前的经历开启了我这本书的写作之路。我不太肯定两个当事人当时的心理状态，但用受刺激的教授和受重伤的伐木工对您来说听起来可能更加有感觉。

受刺激的教授

当时我正和一群医学生坐在医院的演讲厅里听神经解剖学的课。一位受刺激的年长教授突然冲上讲台打断了课堂。他稍作抱歉后，就开始吐槽起他的事情。他说他68岁了，当了近40年的医生，赚到了大多数人认为"不可思议"的钱。然后他就把我们所有人的注意力全部吸引了过去。要知道当时我们中的大多数人仍然每周吃四次拉面，梦想着能越过贫困线。他用手理了一下头发，告诉我们，就在几分钟前，他的银行告知他无法退休——事实上，他已经濒临破产。他把一切都砸到了一个秘密的投资"机会"里面，结果证明那是一场骗局。

"我就是个白痴！"他咆哮道，"我以为我比他们都聪明！我疯狂地冒险。多年来，我投资了所有的避税项目，却忽略了所有审慎投资的基本原则。现在我必须回家向我的妻子解释为什么我不能兑现对她的承诺。"此时他像动物园里的动物一样踱来踱去，直到他恢复理智才停下来向我们传述他痛苦的建议。"所以请从我这吸取教训：不要用你的钱做白痴。一定要听好这个建议，永远不要忘记！"说完他就离开了，留下我们所有人目瞪口呆。

几年后，我留在学校的医院当了一名神经心理学专家，遇到了第二件事。

受重伤的伐木工

我有一位叫雅克的病人。在过去的15年里，整整半生的时间，他都在马尼托巴北方的森林里工作。有一天一棵树栽下，击中了他的头部和肩膀，让他失去了右眼，震聋了右耳，破坏了右臂的神经。从此雅克再也不能拿起电锯。

这场突如其来的事故改变了一切。由于没有伤残保险，工伤赔偿金也很少，雅克的财富状况急剧地恶化。他的妻子开始拼命地工作以维持家庭的运转，但几个月后，所有的积蓄还是消耗殆尽，银行和债主失去了耐心，压力陡增。当我知道了事情的严重性，我推荐雅克去找信用咨询和各种有助于稳定家庭财务的社会服务机构，但他没有听从任何建议。

所以您可以想象当雅克在圣诞节前几天来找我，开始喋喋不休地谈论他为家人买的所有东西：最新的视频游戏系统、新的冰球鞋、名牌服装、一条给他的老婆的金项链时，我匪夷所思和困惑。我问他："怎么了，雅克？！你中了彩票吗？上次我听说，您们还在设法还12月的水电费和房贷。"我永远不会忘记他严肃认真的回答："我用这笔钱买了圣诞礼物。我不想让我的孩子因为我的事情而受苦。"

雅克故事的结局并不好。在过完那个令人羡慕的圣诞节的几个月后，一家人失去了房子，夫妻俩也离婚了。雅克最终放弃了治疗，并且理由很充分：我没能帮助他解决生活中的主要压力来源。

受刺激的教授和受重伤的伐木工有着完全不同的教育背景和职业道路，处于两个截然不同的人生阶段。但相同的是，他们都没有健全的家庭财务计划，并遭受相似的灾难性后果：梦想破灭，承诺破灭，家庭承受难以负担的压力。

金钱与韧性

这些事情给我留下了深刻的印象。当再遇到因事故或疾病使生活天翻地覆的人时，我会更多地询问他们财务状况的有关问题。我知道钱很重要，但不是我认为的那样。他们的恢复轨迹不仅仅取决于收入或净资产，而是由变故发生前，他们长期以来养成的财务习惯和理财技能所决定。

如果在他们发生事故或生病之前，就能够与家人在财务方面进行坦率和冷静地谈话，那么在事故发生后，这种习惯就会起到良好的作用。如果他们养成了量入为出的习惯，这样他们在生病时就会尽可能减少新债务的产生。如果他们有包括紧急情况保险和储蓄在内的财务计划，这些计划就能帮助他们渡过难关。

能否从不利的生活事件中恢复过来，并不像我以前认为的取决于社会经济地位或收入。相反，能否顽强地恢复更多地与之前的理财习惯有关。

多年后，我在这方面的初步观察被有史以来全球最大规模的调查之一的调查结果所完善：作为2010年出版的《健康》一书的基础的盖洛普研究。该研究将财务健康确定为五大关键健康要素的组成部分。同时报告也提到，金钱与财务健康的关系比人们想象的要微妙得多。例如，良好的习惯对整体财务健康的影响是收入影响的一倍。清晰的财务认知，即个人有足够的钱来实现自己的目标，对财务安全的影响是收入影响的三倍。

金钱与压力

多年来，美国心理学会进行了广泛调查，向普通人群询问他们的主要压力来源。每年位居榜首的答案都是一样的：金钱，比其他诸如工作或健康等原因都高。

除了金钱本身确实是一个重大问题之外，金钱还与受访者提到的其他许多领域的压力错综复杂地交织在一起：住房安全、医疗保健、人际关系等问题。金钱压力会与这些其他压力源相互作用，从而加剧问题。例如，婚姻中因为金钱引起的争执与糟糕的吵架技术和破碎的夫妻关系有密切的关系。同样，当职员们觉得他们目前不快乐的工作没有经济上可行的替代方案时，工作场所的压力也会加剧。

虽然金钱不是万能的，但却对个人和整个社会的健康有着深远的影响，这种影响力比其他任何世俗的力量都要大。金融规划大师理查德·瓦格纳明确断言，财富管理技能已成为现代男女生存的关键。因此也就不奇怪金钱为何能在我们的内心占据如此重要的位置并且能够引发强烈的情绪。

学校里不传授的东西

考虑对普通民众而言，金钱、压力和幸福之间的联系，您可能认为医学院和心理学研究会可以在一定程度上解决这个问题。但事实并非如此，甚至相差甚远。在我本科、研究生和博士后学习的11年里，只有两堂涉及与金钱相关的课程。一堂课指出，处于躁郁症躁狂期的患者经常会不计后果地花钱；另一堂说贫困是影响健康的主要因素，因此应该避免。但这两堂课都没有讲如何为有财务困难的人做实际有用的事情。结果，我接受了大量的训练来学习如何帮助人们应对特定恐惧和压力源——育儿、健康、蜘蛛、工作、驾驶，但从来没有对人们生活中的主要压力来源——金钱——进行学习。像其他医疗保健专业人士一样，当谈到财务方面的问题时，我只能随机发挥。

在解决与金钱相关的情绪或行为方面，传统的金融行业培训也没有很好地教授学员应该如何处理。注册理财规划师（CFP）认证最近才纳入访谈和沟通技巧相关的课程，但专门针对与钱相关的培训仍然缺失。至于针对客户不遵循的处理以及了解自己对待金钱的情绪和信念方面，甚至都不在培训的范畴内。因此，专业的金融人士在处理与金钱相关的人性问题时，也只能"随机应变"。

冰山预警

精神病学家大卫·克鲁格认为我们与金钱的关系是所有关系中最持久的，甚至在我们出生之前就开始受到金钱的影响。例如母亲的营养状况和获得医疗保健的机会等。而在人生的终点，金钱同样会影响安放我们棺材的质量以及守灵仪式上食物和饮料的多寡。金钱与我们生活的方方面面交织在一起，在很大程度上决定了我们住在哪里、受什么样的教育、与谁结婚以及在哪里工作等。

我们学到的关于金钱的许多最重要的教训都是被动吸收的而不是被传授的。只有在情绪到位的时候，传授的讲义才是最生动有效的，才能烙进心灵深处，并被信奉为"不容质疑的信条"。但许多学习其实是在我们还处在成长时期并没有具备完全处理的语言或洞察力时完成的。因此，我们对金钱的大部分理解都埋在我们潜意识中。这些信念就深藏在那里，平时很难被察觉，等到面临像毕业、婚姻、意外收获或挫折等重要的关口，就直接蹦了出来。

金钱脚本

在《促进财务健康》一书中，作者克朗茨、卡勒和柯隆兹将"金钱脚本"一词应用于那些经常在潜意识运作的、与金钱有关的内在假设或规则上。一些比较常见的有：

1. 我不能把钱花在可有可无的事情上；

2. 钱不用打理；

3. 钱是个人隐私，不能讨论；

4. 我的父母或伴侣会一直照顾我；

5. 成功意味着永远不会降低收入或生活水平；

6. 钱会带来问题；

7. 我是个金融小白；

8. 如果别人需要什么东西，我不给就是自私和刻薄；

9. 钱越多就越幸福越安全；

10. 我必须总是"看起来得体"；

11. 我们的家庭对世界负有特殊的责任。

金钱脚本的问题不在于它们本质上是错误的、不好的或被误导的，而是在于它们被僵化地、不加区别地应用。它们不会随着环境的改变或重大的生活转变而变化。由于投资顾问常常是在顾客生活发生重大变化的时候与他们打交道，因此不可避免地会触碰到那些死板的信条。当您发现一个客户在其他方面非常灵活且平稳，但在金钱方面却出现反常的僵化、阻力或情绪波动时，您就应该怀疑是否违反了他的金钱脚本。

金钱与心理健康

对于一些人来说，有问题的金钱观和行为不仅仅是藏在意识表面之下偶尔引发干扰。相反地，这些问题会开始主宰他们的个人生活，并在这个过程中造成巨大的伤害。作者克朗茨、卡勒和柯隆兹在描述"破坏性和失能金钱脚本的行为表现"时应用了"金钱障碍"一词。您只需重新审视受刺激的教授和受重伤的伐木工人案例，就能发现许多"金钱障碍"的迹象：紧张的关系、高度的情绪困扰、身体健康的并发症以及自我认同的深刻改变。

DSM-5精神障碍诊断手册中没有单独的金钱障碍分类。但是人们已经认识到精神健康问题可以通过病态的财务行为表现出来。前面提到的狂躁症患者不计后果的消费就是这样一个例子。其他的诸如赌博、依赖性人格障碍、酗酒和毒瘾、强迫性购买囤积和反社会人格障碍等都是具有明显财务表现和严重后果的心理健康问题。

金钱是放大镜

家庭财富顾问考特尼·普伦在他的著作《财富意志：家庭如何建立和管理健康的财务和遗产》中写道：金钱往往会揭示人的本性。他观察到，财富其实是一种催化剂。不管什么样的人，财富越多，他们的本性就会展示得越多。当我从事财务诊断或指导客户时，无论对个人还是家庭，我经常看到金钱是如何如普伦所说展示"先天的缺陷"。作为一名财富心理学家，我注意到大多数问题都可以被归为以下四类：

过分看重财富： 表现包括超支、工作狂、过度节俭和高风险投资。尽管他们的行为可能看起来完全不同，但过分看重金钱的人都相信更多钱等于更幸福。他们相信金钱可以为他们提供一定程度的安全感、地位和舒适感，这是他们所追求的一切。

例如珍妮特和戴夫是一对收入很高的夫妇。但由于贪得无厌，他们的净资产正在惊人地缩水，因为他们总是渴望拥有最好的一切。同时他们也看到了由他们选择的生活方式而导致的贫困的退休生活。为了弥补其中的不足，他们已指示他们的顾问将其全部的可投资资产投资于高风险的股票。

对钱无所谓： 典型表现包括长期的收入不足、无节制的赠予以及缺乏储蓄或投资计划。客户可能认为他们不配拥有金钱，或者认为想要拥有金钱的愿望在某种程度上是肮脏、肤浅或自私的。

例如维奥拉是一名个体虚拟助理（在家办公，为其他个体或企业工作），其工作需求量很大。她为她的工作收取微薄的费用，并且正在努力维持生计平衡。她的客户一直催促她提高收费，但她一直拒绝他们的建议。任何关于她工作的市场价值的思考或讨论都会让她非常焦虑。所以她一直都极力避免，并且希望问题会"自然解决"。

金钱与关系的错位： 典型表现包括秘密小金库、经济剥削、相互依赖和利用金钱来控制他人。将金钱与权力、爱情以及控制权混为一谈，会影响一些客户最亲密的人际关系（甚至会影响他们形成这种关系的能力）。

例如安东尼从小就被培养来接管他家族的汽车经销商连锁店。他最近向父母透露他是同性恋，他需要与一个父母非常珍视的女人解除婚约。但他的父母威胁如果他不继续婚姻，就不让他继承家里的生意。

非法或不道德的金融交易： 典型的包括欺诈、逃税、盗窃和滥用授权。这种行为的驱动因素很多，从明显的精神病到焦虑逃避，再到孤注一掷的豪赌。

例如梅根是独生女，只有年老体弱的父亲还在世。她帮助父亲打理生活的方方面面，并且可以完全访问他所有的账户。她的丈夫发现她有赌博的问题，最近她还把父亲10万美元的投资用来偿还自己的债务。

当两个人的金钱脚本碰到一起

如果说一个人的金钱脚本已很难处理，那与配偶碰到一起是更复杂的情况。夫妻金钱脚本既可以是互补的，也可以是对立的。当丈夫的"钱不用打理"的观念和妻子的"钱是个人隐私不能讨论"的观念相结合，沉默和财务忽视的问题就产生了。这种耦合在一起的问题，后果可能需要数年的时间才能显现出来。但是，当认为"钱就是用来花的"和"应该节俭过日子"的人结婚时，在他们步入婚礼殿堂之前，争执就已经开始了。

作家兼财务规划师奥利维亚·梅兰观察到"夫妻通常会在钱上产生两极分化"。即使他们刚开始的时候在价值观和行为上非常相似，一方往往会被认为是"超级"花钱者、储蓄者或控制狂，而另一方会努力试图建立平衡。梅兰说，随着时间的推移，当夫妻未能注意到并感恩另一半为家庭作出的贡献时，围绕金钱的冲突就会变得根深蒂固。

当需要与不情愿或带有敌意的家庭成员合作时，财务建议会更难以被接受。许多顾问努力与客户一起制定了可持续的现金流和支出计划，最终都因挥霍无度的配偶或子女的阻挠而流产。

避而不谈的事情

许多西方国家的孩子很早就被教育不要问人们赚多少钱或东西有多贵。无论多么天真，只要违反了这个规矩都会引起一种情绪反应，并在很短的时间内产生出记忆深刻的金钱脚本。

这种禁忌使得对个人财务的讨论很难敞开心扉。但和诸如未来的婚姻伴侣或在家庭成员在一起时，坐视不管又往往是不明智的，起不到任何作用。考特尼·普伦写道，在家庭财务方面，需要区分隐私和秘密的不同。他解释说，前者只是将和他人无关的信息保留，而后者往往是一种沉默的阴谋，阻碍了健康的财务态度和习惯的建立。

鉴于这种财务保密的习惯，客户通常不会向他们生活中的任何人（包括他们聘请的投资顾问）全面而坦率地披露他们的财务状况。这种习惯往往通过延迟填写相关表格、发送文件等行为表现出来。我有几位顾问告诉我，客户要求他们配合，向配偶隐瞒财务方面的重要情况，包括小金库、负债甚至是有其他子女。

金融小白太多

几年前，加拿大政府成立了联邦工作组来调查全国的金融知识普及率。调查发现，42%的公民不具备理解信用卡或电话账单的基本能力。在这种情况下，您认为他们对投资公司的典型募集说明书或月度报表能理解多少？

这个问题并不是因为我生活在一个异常落后的国家。世界上其他国家的统计数据同样令人沮丧。由于父母无法经常与孩子坦诚地讨论金钱方面的问题，并且小学或中学很少在课程中包含个人理财内容，这种情况预计很难改善。

这对于一般的投资顾问来说，意味着许多客户其实无法理解他们所给出建议的一些重要方面。这不仅使获得真正的知情同意变得非常困难，而且还降低了客户遵照执行的可能性。

痛苦的财富遗产

有些客户会带着与金钱或金钱打交道有关的痛苦经历来到您的办公室。他们可能因为家境贫寒成为被人唾弃的对象，也可能因为家境富裕而成为被嫉妒和厌恶的对象。他们可能被朋友、家人或其他专业人士利用、敲诈或欺骗。他们可能在支出和投资方面轻率、不谨慎或疏忽。他们可能会带着筹码，感觉他们有东西要向您证明或防备。又或者，他们可能会对自己在财务生活中所做或未做的事情深感羞愧。

在我的实际工作中，就遇到了这样一位客户。她叫安娜，有一天她和她的丈夫来找我，试图缓解不断升级的债务循环以及由此对他们最珍视的人生目标所带来的威胁。在一项给他们布置的家庭任务中，要求他们记录所有的开支。在讨论最近的开支时，她的丈夫在不经意间批评了安娜。安娜通常是一个开朗而热情的女人，但在我们接下来的会谈过程中，她开始封闭自己并疏远起来。我花了一段时间才意识到她不是简单的心不在焉，而是孤僻。这通常是对源于先前创伤的极端压力的一种反应。经过一番柔和的探查，她揭示了她对我和她丈夫隐瞒的事情。我们知道她在邪教环境中长大，这种邪教控制成员生活的方方面面。我们不知道的是，金钱在很大程度上被用作控制她的工具。在她小时候，她曾亲眼目睹她的父母因未经邪教领袖许可就给她买生日礼物而受到公开羞辱，并因为这种"罪"而遭受了持续数周的经济和社会层面的惩罚。这件事成为她一生的经济焦虑和逃避的源头。几十年后，她丈夫对她购买行为的批评勾起了一些非常糟糕的儿时回忆，让她暂时无法继续参与我们的计划，一起推进的后面工作。

这类与金钱相关的棘手情况常常导致一部分人或逃避或恐惧处理财务问题。而在另一个极端，也有一部分客户认为在某种程度上他们在财务问题上是无敌的、不可触及的。他们会拒绝购买任何类型的保险，因为他们固有的信念是，坏事不会发生在他们身上，或者他们会以平常心来应对这些不测事件。他们对自己挑选的优势股票或扭转亏损公司的能力过于自信。想让这些"无敌者"对他们的财务状况采取更脚踏实地、更周到的方法往往会遇到相当大的阻力。

由于不知道如何处理客户的愤怒、悲伤或抱怨等情绪，投资顾问经常将客户的情绪视为令人讨厌的变量或一种尴尬。这些似乎只是他们真正该做的工作的一种障碍。而这其实是一种既幼稚而又糟糕的工作方式，增加了客户流失的几率。相比之下，资深的顾问则会主动去帮助释放和钱有关的负能量。这其实也是客户在咨询建议时希望包括的一部分。在第三章概述的所有积极建议的好处中，那些与鼓励、行动和安全感有关的好处对那些和金钱打交道有着痛苦经历的客户最为有效。

钱和钱不同

在算术的世界里，一美元永远等于一美元。但在人类的内心世界，似乎并非所有的美元都是一样的。金融专业人士经常会遇到这种现象。"意外之财"可能是一个最常见的例子。当人们有一笔超出其正常收入来源的钱财时——例如生日礼物、退税或年终奖金——他们倾向于将这些钱视为特殊的财富。因此，他们用这笔钱做的事情和他们用正常收入做的事情不同。最常见的是用于改善自己和家人的生活、购买食物或礼物或者安排比平时更奢侈的体验。

"心理账户"是这种现象的另一种变体。例如，许多继承人希望将遗产指定用于特殊目的，以某种方式纪念或歌颂馈赠方。例如，我的儿子想用从他奶奶那继承的钱做一个特殊的纹身。我相信这正是奶奶想要的。

有时，将钱与钱区别对待可能会有好处。为购房或教育指定一个特定的储蓄账户可能就是利用这种特殊的心理账户效应来实现重要个人目标的有效方法。不幸的是，会计师会更经常遇到这种将某些钱视为特殊钱的不利之处。"有多少次"，他们咆哮着，"我必须正告客户，他们的奖金仍然属于'应税收入'，并且他们不能拿到全部！"

稀缺性是如何影响大脑的

"贫穷使您变得愚蠢"是2013年秋季出现在我电脑屏幕上的标题。这个标题是对行为经济学家森希尔·穆莱纳坦和认知心理学家埃尔达尔·沙菲尔著作的一种极其粗糙的表述。他们的著作《稀缺性：为什么拥有太少意味着如此多》对当人们面临任何重要资源（时间、食物和金钱）稀缺时，他们的思维会发生什么样的变化进行了有趣的探索。

穆莱纳坦和沙菲尔教授已经搜集了强有力的证据，证明财务短缺会导致人们非常在意如何解决他们所面临的实际困难。这种注意力转移机制通常可以成功地帮助确定解决方案的不足，但这是有代价的。学者们将这种成本称为"认知广度税"：也就是说，减少了原本可用于管理情绪、抵制分心、创造性思考或抵御诱惑等事情的精神能量。过度专注会导致个人智商测试分数暂时性地显著降低（平均降低13分）。有趣的是，只要让人们想象他们正面临着超出他们支付能力的意外账单，就可以触发这种稀缺效应。无论是真实的还是想象的，稀缺性都会消耗人们的心智资源，而不仅仅是他们的财务资源。

这种认知税有多严重？稀缺性引起的IQ下降幅度与长期严重的睡眠不足或中度脑损伤相同。在现实世界中，这种IQ测试分数的下降可能会导致各种后果，从自动失去入选精英计划的资格（例如想要在空军接受训练的飞行员）到被错误地归类为弱智人群。撇开测试分数不谈，稀缺效应还被发现会使人们在后续的行动中更难以作出谨慎的消费决策。当在经历了一段时间的资金短缺后，他们往往会将随后获得的财富视为意外之财，用来为自己和家人过度消费，以弥补前一段时间的困境。在实践中，我见证了在不同人群间——福利金领取者、按月而不是半月支付工资的教师以及收入来源不规则的个体户（例如农民和律师）——稀缺性和"意外之财"效应之间的这种摇摆。

穆莱纳坦和沙菲尔认知发现广度损失是一个非常稳定的现象。他们在各种想象的和真实的资金短缺的场景中——从新泽西购物中心到印度农田——均发现了这一现象。他们得出这样的结论：稀缺性会在大脑中引起反应。这种反应会暂时转移其他认知资源，使一个人的能力低于其在持续资金充足或富足的条件下的能力。

投资顾问办公室中的稀缺性

这种稀缺性的动态变化通常发生于客户与您会面之前的经历中。

如果您在上次重大经济衰退期间从事财务规划工作，您可能会在您的许多客户身上更加具体地看到稀缺效应的表现。明显的神经心理学迹象包括更大的情绪波动、短视和僵化思维以及积极看待事务的能力下降。经济衰退期间，很大程度上需要投资顾问在客户个人的认知性格方面提供建议的技能。

但是，与全球经济衰退或金融危机相比，稀缺效应可能由远没那么明显或广泛的事情引起，可能是由非常私人的事情引发，而这些事情正是客户想要与您见面的原因：离婚、失业、癌症诊断等。也可能由客户不愿透露的隐藏因素引发：工作不稳定、中年危机、成年子女的生活困境等。甚至，投资顾问自己办公室中一些看似不经意的事情也会引发稀缺效应。例如，当等候室的电视调到金融节目时，客户开始出现更明显的金融焦虑——即使是在市场上涨和好消息不断的日子里。当在金钱方面的高度情绪化时，您客户的认知能力可能会比平时低。

还能转行去卖花吗？

正如前面所表明的那样，财务顾问领域面临着在其他咨询领域不存在的特殊而奇特的挑战。这就是为什么在处理完一天的棘手事件后，许多金融专业人士开始幻想转行。承认吧，每隔一段时间您就想开冲浪板特许经营店、遛狗店、护膝服务店。很多人和您有一样的想法。

在提供建议的过程中，您不要试图完全剥离情绪的影响，这一点很重要。我们的目标不是将您的客户（或您自己）变成《绿野仙踪》中没有感情的铁皮人。您应该去追求实现的是一种通常不受短期情绪影响的建议性参与。其核心是高情商的建议，其基础是对客户固有的价值观和生活态度的敏锐观察和欣赏。

小结

在投资顾问领域工作的人会面对特殊挑战——客户是否会遵循给出的建议。在来到我们办公室之前，客户的生活就一直受到金钱或潜在或直接的影响。从基本的生存到家庭的遗产再到个人的成功和失败，人们对金钱有着强烈的信念和价值观。一些财务状况也许会恶化摆脱困境的可能。而给出优秀的建议需要您有能力帮助客户摆脱短期情绪的影响，挖掘更深层次的动机和意义。

客户黏性助推器

1. 避免或发现客户财务生活中隐藏的陷阱或优点并不是件容易的事情。但是如果您持续尝试询问他们，相应的几率就会显著增加！最重要的是您要耐心聆听并细心挖掘想要的答案，而在您的回应中请不要有任何羞辱、责备或批判的含义。下面是一些有价值的问题，可以添加到您的问题清单中：

"您曾经与谁谁谁（加上您自己的职业）打过交道过吗？当中有什么事情进展很顺利？有什么事情进展不顺利？

"您的生活中是发生了什么事情，让您现在联系我们吗？"

"您对财务生活的哪些方面感到满意？在工作、储蓄、投资和捐赠方面，您觉得现状如何？您有什么想改进？

"您如何描述目前您与金钱的关系或者您对金钱的态度？有没有随着时间的推移而改变？关于钱，您有过什么不好的经历吗？

"您和最亲近的人谈钱是否感到自在？换成我或其他金融专业人士呢？

"您觉得我们之间怎样的沟通交流才能让您感到舒适并且富有成效呢？"

"您对钱有什么样的价值观和看法，这将帮助我更好地了解您。"

"如果您能选择一件事来改变和钱打交道的方式，那会是什么？如果一定要您能改变您现在的财务状况情况，您会做什么？

"您认为这些改变会带来什么不同？为什么这些改变对您（您的家人、您的生意等）很重要？

2. 不要只问您新的潜在客户这些问题。也请与您的一些长期客户一起讨论上述问题。每当我把这个任务交给我培训的投资顾问时，他们总是会发现很多认识多年的客户身上所具有的新的和有价值的信息。

3. 此外，每当您有新的团队成员加入时，在老客户与您会面之前，让他们去询问客户的此类问题。他们作为新手的身份，可以问一些看似幼稚或奇怪的问题。相应地，新的团队成员更容易得到更坦诚、更新鲜或更新的答案。新的团队成员可以帮助抵消此前由于和客户过分熟悉而带来的偏见。这种偏见不能反映真实情况。

4. 有些客户在克服痛苦的财务经历方面需要更多的支持，而这些是您无法提供给他们的。确保您有您所在地区的一些个人和家庭治疗师的名字，以便帮助客户和金钱建立更健康的关系。也有很多好的理财师，他们经常使用视频或电话会议技术与客户联系，从而能够跨越地理障碍，实现世界各地的合作联系。

无论涉及的领域如何，有些建议确实比其他建议更容易遵循。在您自己的实践中，您可能会遇到这样一种实际情况，即某些事情比其他事情更容易被客户忽视或拒绝。在下一章中，我们转向 FACTS 模型中的"A"（代表建议特征），继续探讨为什么会这样。

|第五章|为何有些建议更难遵循

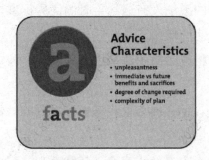

　　报告厅里一片混乱。我的同事杰森·埃迪格博士接到一项任务，帮助一群医学生了解患者经常不遵医嘱的原因。他知道将要面临学生缺乏生活经验和基础信息过载的问题。所以他做了每一位好老师都会做的事：准备了糖果和适度的恶作剧，然后去上班……

　　这就解释了为什么我会在课堂上观察到一些奇怪的事情。例如不时有学生跳出来表演小鸡舞；有学生用牙齿和指甲把一层层胶带从糖果包装上撕下来；有学生一脸厌恶地吞下黑色软糖和芥末豆。在这一切发生的时候，埃迪格教授依旧在讲课，并不理会这些恶作剧。

　　我很快就了解到，在这堂课开始时，所有的学生都收到了个性化任务。除了学习课堂内容外，他们还要在指定的时间以特定的方式完成某些事情。但他们不知道的是，分配的任务都是为了模拟一些通常很难执行的医嘱，例如：

　　严密的糖果包装是为了模拟许多老年患者打开儿童安全包装的药瓶时有多么的困难。

芥末豆和黑色软糖是为了展示慢性病患者服用苦药需要多强的意志力。

跳小鸡舞的目的是提醒他们，许多青少年糖尿病患者不得不在学校测血糖，或者饮食异于同龄人，导致经历过社交不适。

课堂就这样进行下去了。在随后的调查中，只有一小部分学生能够或愿意完全执行所收到的一系列复杂指令。至于在有恶作剧的情况下他们对埃迪格教授讲课内容的掌握程度怎样呢？这么说吧，在随后的突击测验中他们的成绩没有达到平时的优秀标准，但得知此次分数不被计入总分后，他们都松了一口气。

那天，那些即将成为医生的学生们学到了一些短期不会忘记的道理，其中就包括：

1. 无论寻求建议的人有多么积极或多么聪明，都会有很多因素阻碍后续行动。

2. 试图遵守一套复杂的指令会消耗智力和注意力，从而妨碍其他重要的事情（如持续学习）。

3. 跳小鸡舞非常不雅观。

在上一章中，我们回顾了人们难以采纳理财建议的一些原因。我们讨论了在客户身上可能存在的无意识的金钱脚本以及可能造成的无序行为和麻烦关系。我们还回顾了金融知识水平低、缺乏谈论金钱的经验以及金融匮乏是如何造成额外复杂性的。

但是，即使建议与金钱无关，人们仍然很难实施。无论我们谈论的是金钱还是药物，健康还是食物，总有一些建议难以接受。下面的图表显示了两类建议的不同标准：

易于遵循的建议	难以遵循的建议
单一行为	生活方式的广泛改变
短期	长期
缓解当前问题	从根本上预防

易于执行	复杂或痛苦
受到高度支持或监督	高度独立自主
文化共同或谨慎	明显不同

让我们先通过金融领域之外的遵守情况来"热一下身"。可以参考上表阅读下面的案例研究，思考下达给个人的指令是属于"易于遵循"还是"难以遵循"。

案例1：行政体检

大公司的高管通常每年都需要接受全面的健康检查，才能继续工作。一般来说，私人医疗机构与公司签订合同并提供体检。每年，个案经理都会给高管打电话，提醒他雇佣合同上的要求，并预约体检。预约前两天会发送一封电子邮件提醒，要求他们确认是否参加。然后，配备汽车和前往该公司接高管去体检，并把他们送回公司。随后，个案经理会向公司董事会人事委员会提交机密体检报告。

对于高管来说，遵守这项要求是容易还是困难呢？

这个案例符合上面列出的大多数"易于遵循"标准。高管们只需接受体检。这是一次短暂的参与，相对来说没有痛苦，秘密进行，有多重支持和问责机制。在"易于遵循"标准中，它唯一未能达到的是，它不一定能缓解任何不适。不过，这确实为高管提供了一个检查健康状况的机会。在这种情况下，遵守率接近100%。

案例2："你患有糖尿病"的警钟

接下来，我们来看一项处理健康问题时面临的挑战，这个问题在北美已经严重到了令人震惊的程度。

一名男子刚刚被诊断出患有晚期II型糖尿病，已经出现了严重的并发症，病足缺血并且视力减弱。他开始了一种新的生活，须服用四种药物、早晚检查血糖水平、减肥80磅以及控制血压。医生指导他进行足部护理，并建议他每年做两次视力检查。他收到了很多介绍这种疾病的小册子。其中一份小册子上有诊所营养师的电话号码，建议他打电话寻求饮食改变方面的帮助。

很显然，这样一连串的指令都属于"难以遵循"的范畴。这项建议需要生活方式的广泛改变，而且必须从现在开始直到生命终结。这些改变实施起来既复杂又令人不快，并且需要他显著调整饮食和生活方式，从而改变摄入量和生活方式。如果幸运的话，他会得到家人的支持，在生活方式上做出必要的改变——也许他们会和他一起去健身房，或者决心改善饮食习惯。尽管如此，也需要相当大的独立自主意识和意志力。在这种情况下，遵守率会骤降至7%~30%，如果诊所更频繁地监督和检查，那么遵守率就会有所提高。

注意！

在咨询和指导实践中，我经常帮助金融专业人士处理一些恼人的客户。最令人沮丧的情况似乎都是因为客户不遵守商定的行动计划。比如保险专家无法收回客户业务合作伙伴要求购买的保单所需的文件；信贷顾问的客户拖欠还款3个月，但却找不到人。理财规划师见证了信托基金受助人并不愿意控制自己过度支出的行为，尽管他们曾明确表示会控制。

让我们再来回顾下易于遵循的建议和难以遵循的建议特征的图表：

易于遵循的建议	难以遵循的建议
单一行为	生活方式的广泛改变
短期	长期

缓解当前问题	从根本上预防
易于执行	复杂或痛苦
受到高度支持或监督	高度独立自主
文化共同或谨慎	明显不同

对于典型的财务顾问，往往与右边栏的共同点多于左边栏的。我们鼓励客户做的很多事情都是严重的反主流文化行为。我们要求他们抵制无处不在的广告商宣扬的自由消费的信息，转而告诉他们现在就把可支配收入用于投资，这样在未来几十年里都能获得收益。我们提供的最好的建议往往是以预防未来的问题为目的，而不是缓解当前的痛点。我们的谈话可能迫使他们考虑诸如死亡和残疾等不愉快的结果，或与家人和商业伙伴进行艰难的对话。在作出保险、投资和房地产等决策时，他们必须要战胜"愚蠢"或"无法胜任"的想法。

注意，顾问们！你从一开始就要知道，由于建议的性质，你面临着重大遵循挑战。不管提出建议的技巧和敏感性如何，一些建议比吞咽药片更难接受。

让我们来研究一下对金融专业人士造成困难的两种常见情况。

案例3：记录

一位负债累累的客户为解决债务负担向她的信用社寻求帮助。她表示，不知道自己生活中的非自由支配费用有多少。在确认她能够使用Excel电子表格后，信用社员工给了她一个模板，并要求她记录下个月的开支。在离开之前，他们安排了下一次预约。

这个建议属于"易于遵循"还是"难以遵循"的呢？

如果你曾经做过这项任务，就会知道遵守率充其量只是中等。记录既不能快速解决债务问题，也不能解决相应的财务压力和缺钱问题。尽管"记录费用"似乎是一次单一行为，但实际上，对于客户来说，它涉及多个步骤：意识到她正在花钱；索要收据；保管并随后找到该收据；注册网上银行；留出时间作记录。并且如果能够频繁地输入记录，这样过程就不会过于艰巨。如果客户一直在积极避免对其财务状况进行检查（例如，因为焦虑或羞愧），那么这项工作可能会相当痛苦。最后，在独自记录开支的那一个月，客户可能会忘记任务的重要方面，或变得灰心丧气。财富顾问、银行工作人员和信贷咨询机构都曾反馈说，很多客户都"缺席"了下一次预约。

案例4：哦，天哪！让我们来谈谈死亡吧！

作为制订全面财务计划的一部分，理财规划师要求客户准备好遗嘱、授权书和医疗保健指令。其客户主要是尚未处理过这些事务的年轻专业人士。为了解释这些文件的必要性，理财规划师提供了简单的阅读材料，并提供了三位风度翩翩、精通法律、有道德的遗产律师的名字，客户需要在接下来的三个月内准备好这些文件。

由于这种建议具有预防性质，加上会引发不愉快情绪和额外费用，常常导致人们在这些问题上的拖延，有时甚至长达数年。当前案例中，规划师已经提供了帮助，比如提供了阅读材料和所在区域内称职律师的名字。在北美，几十年来，没有立遗嘱的人口比例一直在60%左右。没有准备医疗保健指令的数据则较难统计，主要是因为包含的内容标准各不相同，但似乎70%~80%的普通人群都没有准备。尤其是健康的年轻人不愿接受这些任务。

清楚地了解客户就这些建议会采取什么行动是很重要的。规划师可能会发现最好避免直接让客户在三个月内完成三份文件，因为这太难办到了。规划者可能会发现，如果帮助年轻人降低可能面临的最大风险，那么就会获得更多关注。例如，确保残疾保险到位，并确保在工作场所的所有适当文件上都已经指定了受益人。在这些更简单的建议中取得成功，往往会促进后续对困难建议的遵守性。[1]

小结

不管涉及的领域是什么，都会明显存在有些建议比其他建议更容易被接受的现象。在"难以遵循"这一类别下，有些建议需要广泛、长期的行为改变，而且必须在没有直接监督或支持的情况下实施。当建议的本质是预防性的，或者要求完成痛苦或不愉快的任务，又或者与客户的社交圈或文化习俗不一致时，客户往往更难以遵循。

客户黏性助推器

1. 切换栏：只要有可能，您应该改变"难以遵循"建议的要素使其变得"易于遵循"。考虑图表的每一行，思考如何调整你的建议给那些显然陷入困境或执行分配任务受阻的客户。剩下的坚持遵守的方法都是如何做到这一点的例子。

2. 将多步骤建议转化为一系列单一行为：例如，对于过度消费的客户，我经常推出干预措施，就像在跳七重纱之舞[2]。首先确认他们是否同意做（相当简单的）第一步：关闭所有设备上的一键式订购。当确认他们已完成这一步后，我会给他们发电子邮件，告知下一步：在线登录所有银行账户。完成后，到第三步：每天查看账户交易。

尽管这些步骤对某些客户来说是不必要的小步骤（因此他们一次会做更多的事情），但对于一直逃避财务规划的人来说，它们起到了神奇的作用。对于那些更习惯受到批评而不是鼓励的人来说，这也能

---

① 这种方法受益于所谓的"承诺和一致性"原则。当人们首先承诺迈出一小步，然后有机会参与类似的相关行动时，其收获通常要比他们同时面对一大堆机会来得大。

② 七重纱之舞（Dance of the Seven Veils）是模仿伊什塔尔从天上降到地狱，一次又一次脱去纱衣的舞蹈，是一种具有强烈官能刺激和异国情调的肚皮舞——译者注。

快速生效。当完成一系列的小步骤时，这些客户信心十足，认真地记录他们的财务状况。

3. 对当前作出短期的承诺，以避免未来的麻烦：许多顾问会帮助客户开通月度存款授权，并存入其投资账户。一项一次性的小任务（填写文件）免除了调动精力和意志力去月复一月反复汇款。这是一个很好的模式，可以运用于其他领域。例如，确定未来股票出售的价格点，或预先承诺未来工资增长的一定比例用于退休储蓄。①

4. 每次见面时，询问客户本次碰面的预期结果是什么：建议的内容可能在很大程度上仍然是预防性的，但问这个问题会提醒对方注意他当前想要解决的问题。即使是最具预防性的环节（例如制定一个30年的退休策略），也能解决当前的问题或痛点（即他们需要确信已经在专家的指导下采取了适当的行动）。

5. 让客户预测自己最可能在哪些方面会遇到困难：他们往往比您猜测的更有自知之明。专业的工程师觉得复杂和痛苦的事情与专业的舞者认为复杂和痛苦的事情是不同的，而且两者可能都与您的预测大不相同。

6. 与他们一起集思广益，讨论如何使分配的任务变得更容易或更容易接受：他们是想先完成最难的任务，还是从简单的任务开始？有什么是您和您的团队可以接手的吗？是否有人愿意参与进来，让任务变得不那么繁重？当在做特殊任务时，他们能让别人来分担一些其他的事情或义务吗？不要让他们在未制定困难任务的计划之前就结束会面。

7. 提供更多的战术支持和鼓励，比您认为必要的还要多：客户的时间和精力总是互相矛盾的，许多人正在经历重大的生活转变，这使

---

① 人们通常会预先承诺未来的储蓄率，这比他们目前准备留出的储蓄率要高得多。如果你在计算客户需要存多少钱来实现目标时遇到阻力，请试着把开始日期推迟六个月，并提前准备好文件。当这个数字成为新的默认选项，遵守的可能性变大。

他们感到疲惫、悲伤、充满压力。您和您的团队可以以定期检查的形式提供支持，帮助客户履行他们的承诺并坚持实现目标。在这一过程中，一定要及时告知他们取得的胜利和成功，例如，"您的退休目标已经完成了一半以上"或"您有足够的钱在公司再雇一名员工"。

8. 对记忆限度保持足够的尊重：客户无意间未遵循的主要原因之一是遗忘。你可以采取一些承诺策略和记忆提示方法来提高遵循的可能性。例如，让人们写下自己下一次约会日期（而不是简单地接受预约卡），这会降低18%的失约率。书面和口头信息的结合比单独使用任何一种方法都更容易记住，因此要注意结合这两种方法。

9. 让人们大声地承诺接下来的行动：相比直接递给客户下一步行动的便条，他们的口头承诺会更加有效。我经常问我的客户，"告诉我们约定的下一步是什么，为什么这样做。您承诺完成这件事的日期是哪一天？"

10.请尽可能地发一封简短的电子邮件，概述后续各自承诺要做的事情。

在接下来的两章中，我们将注意力转向FACTS模型中的"C"：与客户本身更直接相关的事项，例如他们的理解、动机、信心和精力。我将介绍一些策略来提升客户执行您建议的能力。

第六章 | 客户特性（一）：如何与您的"马"合作

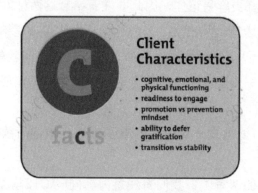

在最近一次出行途中，我旁边坐着一位拥有许多匹赛马的人。与他交谈中我得知，选购赛马是一项重大决策，因为在选购过程中要综合考虑到它的血统、体型和过去的比赛成绩。然而，马匹购入以后，主人不能就只是把它放在马厩里，等到比赛当天才拉出来去比赛。相反，主人把马安顿好后会紧接着开始训练，观察什么东西能让它安静或紧张起来，再制订练习方案，并监测调整它的饮食。我了解到，冠军马同时由先天和后天双重因素决定。

当挖掘潜在客户时，我们都希望选中的客户就是"冠军马"。但一旦他们成为我们的客户，我们就需要重新定义目标，使用训练者思维而不是赌徒思维去思考如何与客户合作。

遵循性研究

过去数十年的研究都在试图找到"坏"客户的共性，即不指望他们会遵循命令。背后动机是如果我们能利用这个共性识别并回避这类人，便可拥有更高效和满意的生活！尤其当我们正在与不愿遵循规则，将一切置于风险中的人一起工作时，这个绝妙的想法将变得更具吸引力。

但是，对识别非遵循人格类型的探索并没有取得很大成功。这是因为遵循性往往呈现如下特性：

1. 具有波动性——随时间变化。取决于信念、记忆、能力等因素。

2. 易受环境影响——随情况变化。取决于社会支持度、同龄人压力和外部需求等因素。

3. 仅特定场景生效——随生活场景变化。例如，一个人开车时可以坚定地做到不打电话，然而，在清洁炉子过滤器时却完全忽略了这一点。

其实这很容易理解。您能想到一个任何指令都不遵守的人吗？回想一下，即使是身边最喜欢提反对意见的人依然会遵守许多基础规则，比如红灯停、准时上班等。这项研究清楚地表明，所有人在深思熟虑后都会"优先选择"那些他们乐意遵循的指令，与性格无关。

事情似乎开始变得有挑战了

事实证明，对于非遵循型客户确实存在一些好的预测方法。这些方法的可靠性在于以客户为中心，从客户的行为和态度两方面出发进行预测，而非其执拗的性格。下面的介绍可以帮您更好地了解这些方法。

拒绝相似建议的经历

心理学中有这样一条真理，即预测一个人未来的行为的最好方法是分析他过去的所作所为。这就是为什么一定要询问客户过去在特定的财富管理领域中所经历的成功和挑战。此外，还需要了解他们过去的投资情况以及与财富顾问合作的经历（关于这方面的建议可见第五章）。在我看来，与其在"了解您的客户（KYC）"这样的标准监管表格上填写很多信息（比如客户风险承受能力评估，这类信息纯属凭空想象），客户真实的生活经历更能帮您真正了解他。但是请记住，在他们的财务生涯中，一段不接受建议的经历并不预示他们必然会成为"问题客户"（比如，一位60岁新客户，虽然再三推迟确立遗嘱，但他仍然可能是一位从善如流的储蓄者和深思熟虑的投资者），但这种经历确实会提醒您，当某些特定情形时，客户需要您更进一步的支持和规划。

巨大的观念差异

还记得人们寻求建议的首要原因吗？归根结底还是希望通过寻求专家建议来获得内心的踏实感。然而，当专家在问题的观察视角或解决方案上与他们截然不同时，他们就会感到非常不安。因此，人们更愿意听那些跟自己原有意见一致的专业建议。我们已经注意到这个现象，并称为确认偏差。它通常在承载情感的领域（比如宗教、政治）或当人们强烈倾向于众多选择中的一个时，表现得尤为明显。我们普遍认为，就产生情绪和动机而言，金钱能与宗教、政治相媲美。

局限的信念

经常有客户跟我说"我不擅长管钱"或者"我是金融小白"诸如此类的话。如此根深蒂固的自我认定明确地告诉我们：潜在的金钱脚本正在发挥作用（如果想具体了解金钱脚本，详见第四章）。其中一种想法是他们坚定地认为自己无法创造不一样的结果："这就是我的命。"请务必尊重客户的内心剖析，并将它们记录至客户档案。对客户的失败主义自评进行辩驳或者提供反例反而会让您痛苦。相反，您只须承诺能为他们提供更好的财富管理体验即可。关于如何处理犹豫心理，可参阅并实施本章后面介绍的方法。

缺乏延时满足能力

相比于其他大多数预测点，您会发现这可能是与遵循性最为相关的个人特质，它更加根深蒂固而且极难克服。人们天生就倾向于重复那些使人舒适的行为，这使人们沉迷于即时满足。随着时间的推移，为了获取更高的长期收益，大多数人应学会延迟满足，但那些最难应对的客户至今还没养成这种习惯。能暴露这类问题的"线索"不仅包括高消费债务和低存储率等明显迹象，还包括过度给予（通常给后代）或者不断推迟重要会议等细节琐事。

无法发觉问题

有时候，您会发现这样的客户，他们已经身处麻烦却不自知——也就是说，他们完全不关注财务问题中亟须解决的关键部分。通常这类客户是被关心他们的人介绍来的——也许是银行业务员、家庭成员或人力资源经理，而您所面临的挑战是如何理性地说服他们接受自己身陷困境这一事实。首先，您要确定他们愿意来找您的原因。尽管他们可能只是为了摆脱别人的叨扰，但您可依此推动他们往正确的方向前进。通过接下来与您的会面，他们可能会启发式地获得新信息，或者体会到支持和连接感，这种感觉会让他们觉得未来可期。当然，客户也可能尚未意识到自己处于麻烦之中，即便如此，您也没必要认为这个过程毫无意义，因为在此期间您可以催化他们发生改观。

动力缺乏

积极心理学领域的研究清楚地表明，强烈的动机对于实现目标而言至关重要，特别是当它难以实现的时候。人们通常需要认识到自己在财务生活中想经历或改变一些事情的动机是什么，如果没有这种动机，他们将很难开始或坚持下去，个性化的动机会促进行为改变。关于这一点，热心的顾问可能会无意间引发一些问题，比如说，他们会提供一些说服性的观点和大量鼓励性的话语让客户产生一个浅层次的"同意合集"。但这种"默认"或"被说服"的同意并不能替代客户发自内心地剖析个人动机后愿意去改变的动力。

准备不足

我是一个扶手椅历险爱好者。我喜欢看超级马拉松运动员或珠穆朗玛峰挑战者的故事，但我的体能告诉我，我更适合阅读他们事迹而非仿效。从他们的艰难历程中，我领会到世上任何一种动力都不能弥补准备不足的问题。动力强劲、意图明确的客户可能仅仅因为没有获得正确的支持而放弃，他们半途而废的根本原因是没有提前考虑实现目标需要些什么。而财务顾问的工作之一就是帮助客户提前辨别什么是阻碍、什么是助力。

我从"头破血流"事件中学到了什么

直到我的侄女受伤哭泣我才意识到这个问题。当时我五岁的侄女哭着躺在人行道上，她的双腿被压在自行车下面，手压在后脑一道可怕的伤口上。我费了很大力气才把她解救出来，帮她整理干净并安抚好她，但到最后我才想到一件重要的事："亲爱的，我早上已经提醒过你记得戴头盔，甚至都把它放到了你的自行车座位上！可你为什么不戴呢？"

如我所料，她回答得很诚实："莫伊拉姑妈，我记得你跟我说过要戴头盔，但是我也没答应你我一定会戴啊。"

唉！她说的是对的。我曾天真地认为我的建议具有说服力和权威性，并且戴头盔对她来说不费吹灰之力，本以为这一切足够让我度过一个放松休闲的下午。但是，我却忽略了一些重要因素，其中最重要的就是她是否接受了我的建议。

尽管人行道上的血渍会消失，但是那天我得到的教训却会永远存在。能被接受的建议才是好建议。

在医学界，这一课被称为"预备性原则"。在大多数卫生保健培训方案中，如何评估和加强预备已经成为教学的重要内容。是时候将这些教学理念应用到金融领域了。我认为，造成客户不遵循财务建议这一问题的罪魁祸首就是未能确保他们落实预备方案。

在这一章节中，我会给您分享一个确保客户落实预备方案的高效办法，这个方法需要您询问他们几个简单的问题。但在这之前，您要想清楚为什么要做这些？这么做会产生什么不一样的效果？评估预备方案能给您带来许多好处：

1. 它能避免付出沉没，包括时间、精力和金钱的浪费。

2. 它能维持积极的人际关系。

3. 它能避免客户产生沮丧情绪。

4. 它能帮助您们想出比自己单独思考更好的解决方案。

5. 它传达了一种信号：即使客户跟您意见相左，您也不会给他们贴上"难相处"的标签。

6. 它能减少您对未遵循建议的客户的误解，以免您日后还得去弥补这些误解。

评估准备预案有三个步骤：确定客户是否同意您所提议的方案、激励他们去采取行动、确保他们有信心取得最终的好结果。因此，如果您期待客户在会面后会采取实质性的行动，应该问他们三个核心问题。这些问题不仅能帮您确定客户是否已经准备好做出改变，还能提高他们自己的准备度。

第一步：确保对后续计划达成共识

您可能有非常专业的技术知识，但是客户才是那个最了解自己经济状况、诉求和能力水平的人。在执行的时候，您永远猜不到客户会怎么做。命运使然，在侄女摔倒那一天，我忽略了这个至关重要的步骤。如果我花点时间和她确认一下，就能知道她完全没有戴头盔的意识。事后才知道，她当时不戴头盔是怕挡住公主发卡，现在倒好，连发卡都弄坏了。

那么如何判断您的建议不是耳边风呢？首先可以从这类问题开始，比如：您感觉（此处加入推荐的计划）怎么样？

您觉得我们之前讨论的建立家族信托基金怎么样？制订退税计划表呢？确立遗嘱和遗产方案呢？

基于该问题进一步衍生：

根据我们今天的讨论，您觉得后续应当怎么做？

下一步最好的方案是这样吗？或者您想做其他更重要的事情吗？

鉴于您提过想在这次交流中有所收获，您觉得采取这个措施对您有意义吗？

请注意，这些问题并不是假定您有更好的答案，而是为了引导客户说出自己的内心想法。它们反映了非常现实的情况：客户对于下一步做什么可能有不同的想法，并且这些想法都非常有价值。

如果你们对行动方案没有达成一致，那就先别着急往前推进。此时您应该弄清楚客户是否已经有更想做的事情，看看能否提出双方都认可的方案。最后再重复上述问题确保已经达成一致。

犹豫心态预警：当客户对您提议的方案犹豫不决时，如果您再绞尽脑汁地补充更多信息或努力说服对方，可能会产生下面两种不乐观的情形：迫使客户隐藏自己的反对意见或者反复提醒客户自己为什么踟蹰不前。这两种情况都会降低客户后续参与且遵循方案的可能性。这时，最好的方法是接受客户的犹豫情绪，并强调他们有权利不听从您的建议，您可以这样说：

"您似乎不太确定家庭信托目前是否适合。能告诉我为什么吗？不管怎样最终的决定权在您。"

"看起来您在犹豫是否要制定退税计划表，我非常想了解您犹豫的原因。当然最终方案是否实施由您来决定。"

"能看出来您试图完成一些正确的事情。制订遗产计划至关重要，但是过去好几次总是半途终止。不知道我的理解是否正确？"

这些举措是有价值的，即使在局外人看来不明显或不重要。面临决策时，人们需要时间来权衡利弊，通过挖掘内心深处动机来平衡决策。但过度热心的顾问有可能不小心侵犯了客户的自主权，或嘲笑客户的观点，或夸大可能的负面后果，进而导致平衡点往错误的方向倾斜。

第二步：通过意图挖掘来驾驭动机

作为一名作家和深受观众喜爱的TED 脱口秀演讲者，西蒙·斯涅克强调认识到自己最深层次动机的好处。在《从为什么开始》一书中，斯涅克否定了人们可以"由外向内"地被激发的观点，相反他认为"人要么有动力，要么就没有"。他认为真正的任务是帮助人们找到产生动机的原因，让人们看到能够相信的愿景，就会自然充满动力。比如，如果当时我利用侄女不希望她的公主发夹被血渍弄脏的想法，那她可能会戴上头盔。

询问客户参与某项任务的最深层动机对双方都有益。这样他们会强烈认同这份计划，同时您也可以借此知晓他们的动机。此外还能强化现有的纽带关系，鼓励你们建立更深层次的联系。通常动机强烈的客户更容易发起行动，并且坚持下去，对于那些动机缺乏的客户，您可以询问如下问题，来帮助客户合理运用动机：如果您决定执行这一步，它会给您带来什么好处？

类似问题包括：

如果您成功了，将有什么改变？

为什么这对您来说很重要？

如果您这样做，生活将会怎样？

这可以给您带来什么好处吗？

这可以帮您避免什么坏处吗？

在这一步中，您期待客户能真心实意地回答一些与自己相关的具体好处，而非抽象回答或者泛泛而谈。像"这是应该做的事情"或"这将改善我的生活"等回答只是浮于表面，通常不会产生实际价值。您需要帮助他们挖掘更深层次的意义，这样在进展不尽如人意时能够帮他们坚持下去。

马歇尔·戈德史密斯被誉为全球最具影响力的商业思想家和教练之一。他现在非常受欢迎，以至于只指导那些专业知识精湛的商界、政府和非政府组织的上层人士。尽管这些500强企业CEO和上层人士已经成就斐然，但是仍然不断地被要求在所属领域深耕，进一步做得更好。为了帮助他们实现目标，戈德史密斯经常将上述问题询问五到六轮，当他们眼含泪水或者心如止水的时候，他就知道他们已经挖掘到了正确的动机。

并非所有提供建议的情形都须经过这种深度询问。当客户显然已经参与其中并且相信这些建议的好处时，还进行这个环节就显得滑稽可笑。但对于那些心存疑虑的人来说，这种询问可以推动他们从"犹豫不决"到"坚定不移"。

一些客户会以"正向"的方式来表达他们的诉求，比如通过列举他们想要创造、拥有或者体验的东西（"我想要创建一个宽裕的经济条件让我的家庭生活更和睦"）。其他一些客户则会描述想避免的负面结果来表达他们的想法，比如列举他们想要避开的事情（"我想确保我去世之后，我的妻子不会为生活所困"）。第一种方式称为"以提升为核心"，第二种称为"以预防为核心"，两种方式没有优劣之分。①应该要以客户的想法而非您的想法为主导，要用客户的"语

---

① 然而受到外界影响时，人们往往更关注消极信息而不是积极信息，并更乐意对此采取行动。因此，如果客户直接问您对某事的看法，而您也希望给他们提供某种方向，您可以针对负面信息给予更多的回应。

言"而非您的"语言"来提醒他们为什么要做这些事情。

犹豫心理预警：对那些内心犹豫的客户来说，他们通常很难预见这些建议的直接效益。您可以引导他们想象一下作出改变后可能出现的美好事物，来帮他们改变决策平衡。

"您让我理解了为什么开始制定退税计划表会很难。但假设事情有所变化，而您也确实准备开始执行这个方案，您觉得走出这一步后能得到什么呢？"

"假如您下定决心开始确定遗产计划（我不是说您一定要这么做），这可能给您带来什么好处？"

请再次注意，您需要不断地强调客户有权利作出与您的建议不同的决定，您只是在帮助他们尝试一种新的可能性，并帮他们辨别这是否是在正确的时间做出的正确决定，而非试图说服客户改变就会带来好处。这极大程度上改变了客户回答问题的动机，他们不再把您视作辩论对手或者法官，不再试图说服您为什么不改变才是对的，相反会开始思考自己需要作出改变的本质原因。

第三步：提升自信心

缺乏动力的人往往难以开始——所以第二步至关重要。

缺乏信心的人无法持之以恒——这就是推荐第三步的原因。

在前文中，我提到了过去经历是未来行为的最佳预测器，这适用于多数情形。但若过于相信这种观点，则不利于客户自我改进。这份工作的美妙之处在于能够看到客户不断自我改进，他们能够也确实会纠正陋习、改善人际关系并扭转不佳表现。

让我们稍微改变一下问题，换种方式来预测未来：

什么是行为改变的最佳预测器？

这个问题的答案是对取得重要成果的自信心。如果人们不相信自己能实现目标，他们不太可能参与到前期准备、启动、持续调整等步骤。一旦碰到挫折，他们就会反应过度，变得像泄气的破气球一样，生活中如此，在金融领域也一样。

作为专业人士，帮助我们的客户提高自信心是我们的工作。最后这个准备问题在这个方向迈出了一大步：如果决定按照这个思路执行，您有多大把握可以完成它？

通过下面这些问题，您可以进一步测试他们的自信程度（或者自信缺乏程度）：

是什么培养了您的自信心？

您以前做过类似的事情吗？结果怎样？

您认为是什么使您更容易完成这项任务？

可能有什么困难？您觉得自己应该如何克服？

您需要什么帮助来渡过难关？

这些探索有助于建立一种脚踏实地、源于现实的自信感。

我经常遇到一些人生导师和商业领袖，他们认为人们往往越想什么就会越来什么。这是一种对动机访谈和积极心理学等领域科学的误解。这种幻想自己会有完美的表现然后就能站在颁奖台上领奖的方式，并不会让结果更好。相反，在脑海中不断演练如何从挫折中快速恢复，才能带来更好的结果。

同样，强大的自信心不是盲目乐观，或者拒绝思考将面临的问题。相反，强大的自信心是知道自己已经准备好迎接未知挑战。打个比方：如果您想攀登珠穆朗玛峰，您必须从两名夏尔巴人中选择一位作为同行向导，一位积极乐观，另一位则准备充分，您会选谁呢？我猜测您会跟我一样选择后者。

有时候，金融专家很像夏尔巴人。幸运的是，您不必在"积极乐观"和"准备充分"中二选一，您可以同时将这两点展示给您的客户，并培养他们养成同样的习惯。当您意识到客户疏忽了一些重要问题时（比如法律要求、现金流问题等），需要提醒他们注意……最后您再帮他们确定行之有效的解决方案，而这也是客户向我们寻求建议的终极目标。

犹豫心态预警：缺乏信心是人们故步自封的主要原因之一。您可以让客户关注自己擅长的或者曾经有人成功过的领域来提高自信心。您还可以强调他们设想的问题只是暂时的，以此来推动他们做出改变：

为什么您还没有完全放弃有更好经历的可能性呢？

您觉得这些已经做好准备的步骤中，您可以完成哪些？

您知道有谁已经完成这些您想要做的事了吗？您觉得是什么支持他们完成这些？您想试着做做看吗？

您认为您走向成功的第一个小标志是什么？

您是否愿意承受短期压力来改善长期生活？

小结

在执行建议时，每个客户的意愿和能力各不相同。消极迹象可能包括拒绝相似建议的经历、对方案没有兴趣、准备不足等。

这里有三类问题可以帮您快速评估并帮助客户对执行计划作好充分准备：

您感觉（此处插入推荐的计划）怎么样？

如果您决定执行这一步，将会有什么收获？

如果您决定推进这一步，有多少信心完成？

客户黏性助推器

1. 在您的建议是及时、有效且可实施的前提下，询问这些准备性问题是非常重要的。客户不采纳建议的一个主要原因是各项准备工作尚未就绪。除非这三类问题您已得到毋庸置疑的"绿灯"信号，否则表明您还没有让客户"完全就绪"。与其坚持一个完美但却无法实施的A计划，不如采用一个相对不完美但却能让客户感到兴奋且充满信心的B计划。

2. 给犹豫不决的客户提供建议时，需要额外当心，因为可能会遭遇双重风险：客户坚守自己立场拒绝改变，同时还把您推向了对立面。所以，一方面您需要努力提高自己的接纳度来理解这种犹豫心理，另一方面您还需要引导这些客户去发掘自己做出改变的动机，而不是一味地去说服他们相信您。

第二章介绍了专业咨询的主要好处有增强信心、提供鼓励和行动捷径。而严格地执行"准备性问题"过程不仅能给您带来上述所有好处，同时还能提升客户后续采纳建议的可能性。此外，当您遇到客户精力耗竭这类常见问题时（往往能在长期处于生活转变的人身上看到），它还会给您带来额外的好处，这些将在下一章中探讨。

第七章 | 客户特性（二）：如何帮助客户应对生活冲击

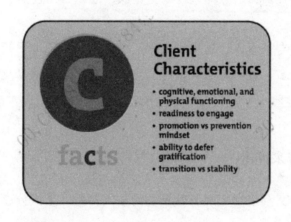

请思考如下两个案例的共通之处：

马克是一名36岁的工程师，他继承了父母一笔可观的遗产。马克父母在海外度假时突然意外身亡，他在悲痛之余仍需处理许多琐事，他和4个兄弟姐妹脾气都十分暴躁，其中两个不断地打电话、发短信来索要他们那部分遗产。有一次马克因为10岁的女儿把毛巾掉到了浴室地板上而大发雷霆，他的妻子看到后很愤怒，于是打电话约我见面。

58岁的艾利洛即将与新的人生伴侣开启同居生活。他们各自在结束前一段不幸的婚姻后都单身了好几年。他们开玩笑地说，一起给新家贴墙纸、铺瓷砖的时候竟然没有发生暴力行为，自此之后便觉得对方是彼此的命中注定。可是在过去几个月里她经常忘记服用治疗狼疮的药物，原本喜悦的心情也因病情发作而受到些许影响。显然，她忘记的还不止这些：昨天她的伴侣收到了银行的来电，批准房屋装修贷款的必备材料他们已经拖延了很久。

马克和艾利洛都正经历人生的重大转折。面对新的形势变化，他们的个人能力都显得捉襟见肘。作为遗产继承者，马克在整个悲痛时期都面临陡峭的学习曲线，同时还要处理超长的"待办清单"，压力应对能力和情绪管控能力的降低表明他已经精疲力竭。相比之下，艾利洛的生活变化则要幸福得多，但她同样面临着异常多的决策和额外任务，她认知负荷过载体现在易犯错误、忽略日常任务、忘记定期服药等方面。

在金融专家看来，这种重大生活事件带来的精神损耗是十分常见的。在本章节，我们将研究为什么会出现这样的事情以及您可以做些什么。

转变带来冲击

马克和艾利洛都正经历着人生的重大转折，是区分过去和现在的分水岭：

我过去是已婚，但现在已经离异。

我过去曾默默无闻、苦苦挣扎，但现在我功成名就、众人瞩目。

我过去是人人奉承的企业高管，但现在是无人问津的退休老人。

这些转变或意料之中，或意外，或受欢迎，或被讨厌，或自愿，或被迫，它们往往涉及自我认同和社会角色的根本性转变。

Sudden Money Institute的创始人苏珊·布拉德利告诉金融专家："转变在以一种非常直接的方式推动着你的业务。"客户经历重大人生变故时寻求财务建议的可能性非常高。如果客户感觉为"过去的他"提供服务的金融顾问不再值得被"现在的他"信赖，那么他们很可能会更换顾问。这也导致大量的老顾问被解约。据布拉德利所说，每名顾问70%~80%的新客户都即将或刚刚经历人生重大事件。

大多数转折对财务影响重大，因此客户往往在这种情况下向您寻求建议。然而，很有可能他们尚未处于接受指导并采取行动的最佳认知状态。比如马克可能正在悲痛中，而艾利洛则处于疲惫且易出错的状态。

因此，客户表现出非遵循性可能是神经心理功能暂时受损所导致。当处于人生的重大转折期时，这种损伤会加重，进入一种我们称为"过渡期疲劳"的状态。尽管这种状态与那些一直在应对财务匮乏的人有相似之处（第五章有描述），但其相应的精神损耗却表现得更加持久、广泛。

精神能量是如何产生和消耗的

人的大脑只有3磅，但在休息状态下却会消耗人体20%的卡路里。它负责人体的所有事情，从最基本的维持呼吸甚至到理解同事的"潜台词"。其中，大脑最高级的功能涉及自我调节行为，通俗地说，这是一种以持续灵活的方式来监督、控制和调整我们的想法、感官及行为的能力。

大脑无须您有意识地给出指令，就能自动激活或关闭它的各种功能并在后台完成处理，不断地执行自己的"分流"或"空中交通管制"功能。大脑经常会为了它觉得的重要功能，牺牲其他一些非关键性功能，而自我控制和自我调节这类功能往往是最先被牺牲的。

社会心理学、行为经济学和神经心理学领域的研究员在这一领域进行了大量研究。[①]研究表明，精神能量像"蓄水池"一样，是一种有限但同时不断更新的资源。"蓄水池"的水量通过睡眠和食物等基

---

① 撰写本书的时候，心理学领域有一场特别激烈的辩论：精神能量真的像过去所说的那样是有限的吗？但就本章而言，我们采用精神能量确实是有限的这一通用观点。

础生物功能不断恢复，在日常任务中又会被持续消耗，我们每天都在经历这种潮起潮落。我们通常都会了解自己每天最高效和低效的工作时间，也经历过一天还没结束但精力却快耗尽的情况。但此时，我们都知道打个盹或者吃点东西能迅速恢复精力。尽管睡眠和食物是补充"蓄水池"能量的主要方式，但拥有良好的习惯、强健的身体、乐观的心态和强大的社会关系等因素也有助于保持好的工作状态，甚至能增加"蓄水池"的容量。

换一个比喻

试着再把精神能量想象成一个蛋糕，这个蛋糕可以分成好几块来体现不同的功效。就像下面的这张图，假装它就是一块蛋糕，它展现了我们的精神能量如何为上述的自我调节行为提供动力的。

我们从右上部分的扇形开始顺时针往下看。

Where your mental energy goes...

1. **管理苦恼和压力：**高效应对苦恼和压力需要精力。当我们发现或者担心自己的能力已不能满足需求时往往会产生压力。一旦我们承受身体或精神上的痛苦，大脑就会自动重新分配精力来解决这个问题，包括主动寻求新的解决方案、重新定义问题以及面对无法消除的痛苦时坚持下去等。

2. 注意力引导： 这部分蛋糕包括努力保持注意力和避免分心。小时候在一所试验性的学校里我亲身体会到了这一点。那所学校的教学楼没有内墙，这意味着学生们在把注意力集中在学业和老师身上的同时，还必须屏蔽其他教室的噪声。最终，这个"开放概念"的试验（也就是校内不设内墙）很不幸地失败了，毕竟注意力引导需要从其他重要任务（尤其是学习）那儿转移能量。作为一名成年人，我至今都在疑惑老师是如何应对这种混乱的。仔细回想，也许这就是为什么感觉当年很多老师精神不振、看起来像喝多了酒一样的原因吧。

3. 作决策： 如果您曾组织过会议或策划过婚礼，可能体会过一种被称为"决策疲劳"的感受。这个时候，您的大脑就像在电脑屏幕上旋转的毁灭之轮，不停转动却看不到任何明显进展 。此时您可以选择休息一下（通常这是最好的做法），也可以选择强迫自己继续决策（即使此时已经精疲力竭）。我敢肯定，丑陋的伴娘服就是因为新娘选择后者导致的。

4. 抵制诱惑： 您曾经节食过吗？如果有的话，您可能经历过在一天快结束的时候功亏一篑的情况。不是因为您不知道苹果比小熊软糖更适合节食中的您，而是因为此时您的精力已严重不足，更难抵制诱惑。

5. 控制情绪： 通常一个人成熟的标志之一就是不会在公共场合崩溃，不会像在杂货店被拒绝的两岁小孩一样任性发脾气或号啕大哭。虽然这值得称赞，但是情绪控制确实也会消耗我们储备的精神能量。

6. 养成新习惯： 毋庸置疑，培养良好的习惯可以节省时间和精力。好的习惯可以让您在一天中像自动驾驶仪一样，完成基本的自我照顾、工作或日常家务，不需要每一步都重新决策，然而养成这种习惯却需要消耗能量。不管是想养成多吃纤维还是常去健身房抑或写感恩日记的习惯，您都需要从"蓄水池"中汲取能量，直到习惯养成。

7. 完成日常杂务：成功的成年人需要完成家务需求：确保账单已付清、给汽车加油、清洗盘子、接送小孩等，这些都需要花费大量精力。接受康复治疗的瘾君子通常惊讶于所需耗费的精力，因为他们不仅要抵制诱惑、保持清醒，还要处理生活中的日常杂务。

8. 学习新事物：您上一次升级电脑操作系统或切换新的管理软件是什么时候呢？您可能会惊讶地发现，学习新东西竟是如此费力，特别是当它本身比较无趣时。有些客户必须从不同的养老金支付方式或多种财产继承模式中作选择时，我经常听到他们说类似"头疼"的言论。

帮我！我"蛋糕"快吃完了！

当精力对生活供不应求时会发生什么呢？遗憾的是，您不可能自动得到一个更大的"蛋糕"，因此您必须考虑如何分配现存的"蛋糕"。如果您正面临巨大压力并且家庭生活也处于一团乱麻，您可能会更容易分心，并且家务质量也会下降。如果此时还有新同事严重地挑战您的耐心，您为了不打击他（她）的情绪，可能需要在"控制情绪"或"抵制诱惑"方面分配更多精力。您可能会明显地察觉到在应对其他事情上更力不从心。

在过去的几年里，我一直与金融转型研究机构合作，研究那些正处于换工作、搬家、退休或者离婚等过渡期的人。我们的初步研究发现，重大的生活变化会吃掉一块巨大的"精力蛋糕"。对那些过渡期持续时间较长且负面情绪太多（如丧偶或者离婚）的人来说，他们最容易出现精神耗竭的问题。我们现在正在研究一份供金融专家给他们的客户使用的"过渡期疲劳"调查问卷，您可以在我的网站moneymindandmeaning.com中的"顾问"一栏获取，同时您也可以跟进最新的研究进展。

每个人精力耗竭的表现都不一样，不存在一个单一、专门的神经心理学预警迹象。但如果以下迹象出现在您和客户身上时则需要注意：

情绪增强：是表明这个人是否精力耗尽最可靠的标志，精力耗尽时积极情绪和消极情绪都会增加。精神损耗严重的人往往易笑易怒，受一点点刺激就泪流满面，平时很矜持的客户可能会在您的办公室里异常的情绪化。这种情绪增强也通常伴随着难以控制的冲动。

难以控制的冲动：当人们精力耗尽时，他们很容易情绪化或者一时冲动，这种疲劳引发的自制力下降可以通过神经影像学看到。该研究表明，当自制力下降时，包括前扣带皮层在内的多部位神经元的激活率会降低，而该皮层的功能之一是发现我们想做的事情（比如为了美好假期而攒到越来越多的钱）与实际在做的事情（比如在奥特莱斯商场闲逛一下午）之间的差异。当我们失去这种察觉差异的能力时（比如认为存钱和购物这两件事可以同时发生），更可能一时冲动留下遗憾。

自我封闭：人们往往会以退出自己的社交圈的方式来应对精神损耗，这种反应很常见但也很难适应。虽然这可能节省您一些时间，或者不需要对大家装作"一切都很好"的样子，但长远看来是有问题的。相关研究很明确：想要全身而退地熬过这段艰难时期，最佳方法就是获得社会支持。当然有时候问题在于社会关系网已经贫瘠或已失调，又或者从某种程度上讲无法轻松满足需求，这些现象通常会在丧偶或者离异后看到。

对压力和疼痛的忍耐力下降：当我们精力耗尽时，疼痛似乎会加剧，变得更加难以忍受。心理学家在解释这种经历时，通常把疼痛和痛苦区分开来。对于"蓄水池"已经干涸的人来说，同样程度的生理疼痛会使他们更容易感到痛苦。同样，在应对心理伤痛方面也会发现类似的忍耐力下降的现象。曾经承受过的同样的生活压力现在似乎更加沉重，从而导致我们过度焦躁、睡眠障碍、消极或难以放松。

决策困难： 之前我提到过"决策疲劳"的现象通常表现为含糊其辞或犹豫不决，然而有些人却走向另一个极端。他们做决策时表现得非常轻率鲁莽或反复无常，有时候这么做仅仅是为了逃避或者赶快结束任务。顾问在与客户打交道的时候，这两种极端都能看到。

需要自律的日常行为普遍减少： 停止锻炼、凌乱的房子、收件箱永远没有清空。我的一位病人曾经这样描述："我那该死的生活按钮已经坏了。"脱离先前有效的日常行为会导致错误增加，比如错过约会或者忘记归还先前已承诺归还的文件。

性格越发死板： 精力耗竭的人通常表现为不愿妥协或随波逐流。平时灵活的人会变成严格的控制狂，无非是因为他们没有足够的精力来忍受不由他们做主和不受他们控制的事情。

尺寸迷思

我和我母亲都喜欢吃甜点和品茶。在某个纪念日，我们决定去试试之前听说过的一家高档茶餐厅。我们期待的亚麻桌布和精美瓷器并没有让我们失望。然而，服务我们的是一位闷闷不乐的女服务员，她似乎对于满足客人需求的工作非常不满。好不容易我们得到了她的回应，最后她也是不情愿地帮我们下了单。感觉过了一个世纪那么久，她才把我们的甜点端上桌子，喊道："你们谁点的馅饼？"我高兴地指向我母亲。

我在观察人们面对生活中的挫折的反应时，经常想起这个问题——"你们谁点的馅饼？"很明显，每个人工作时精力不一样。有些人好像拥有取之不尽的"能量蛋糕"，他们似乎天生具有极强的抗压力、超强的自控力和非凡的适应力。而另一种极端是"馅饼"般大小的"能量蛋糕"，这类人在低需求和低压力的情况下可以做得相当好，但是都不需要什么大的人生转变，仅是家里宠物猫玩个小毛球都会让他们顿感压力重重。

是什么导致这些差异呢？鉴于精力有深刻的生物学元素，基因能在其中发挥作用也就不足为奇了。这方面的个体差异性在童年时期就表现非常明显，一些小孩可以展示出持久旺盛的精力，而且在吃点零食或者小憩后也能更快恢复精力。遗传学在各种智力能力中发挥重要作用，有些人在学习新事物、灵活解决问题、组织策略等方面的能力相较于其他人要更强。

但生物学并非命运的主宰。虽然我不得不承认，在整个二十世纪，心理学领域经常宣传生物决定论的观点。一些被视为真理的心理学信条已经被证明是错误的了，如"智力不能被提升""压力会致死""你要么适应力强，要么就不行""大脑神经元连接通路成年后就已固定了，且无法改变"。

虽然基因会一定程度上影响我们的精力水平和观念，但并不能决定所有。换句话说，我们不会一直保持"馅饼"的状态！有些用时短且见效快的方法可以应对精力耗竭，这些方法主要是让精力恢复到正常水平。还有其他一些长期起效的方法可以增加"蛋糕"的大小，提升我们的自我调节能力。

金钱和奋斗

金钱扮演着有趣的角色。在本书的前半部分，我回顾了近期一些关于稀缺性对于神经功能影响的研究。有相当多的证据表明拮据的经济状况会带来精神损耗。最近我一位要好的艺术家朋友身上发生了一些事情，他才华横溢，但为了创作，他一直过着非常简朴的生活。有次牙科急诊产生的200美元账单他竟无法轻松支付，由此产生的压力导致他作了一些目光短浅的决定，进而又给他后续的生活带来了麻烦。作为一名金融专业人士，您有能力帮助这些艰苦奋斗的人进入金融安全地带，帮助他们不被生活中在所难免但却无法预测的账单所摧毁。

在这方面，富人也面临着不同的挑战。考特尼·普伦告诫那些富裕家庭的父母，过度保护孩子不让他奋斗会阻碍其成长。普伦建议父母控制自己的保护欲，别把孩子的人生旅程变成"奢侈之旅"，这样孩子们会失去勇气和韧性。

奥普拉·温弗瑞的一句格言也表达了同样的观点："奋斗能让人变得强大而有力量。"拒绝挑战、坚持待在舒适区很容易阻碍个人成长。生活的转变既是一记警钟，又是人生之旅中一次让你拥抱成长的机会，从"过去的我"变成"现在的我"。

小结

我们能存储的精力是有限的。尽管每天都会自我更新，但有时候也会供不应求。那些正经历重大生活转折的人更容易受到精力耗竭的影响，特别是长时间处于消极状态的人。这些心力交瘁的客户不遵循建议的风险会变得更高。

客户黏性助推器

不论您什么时候发现客户存在精力耗尽的迹象，都可以试试下面的策略：

1. 给客户展示这本书提到的"蛋糕"图。向他们解释精神能量在一天中是如何消耗的。并且告诉他们，您一直以来都想了解他们是怎么熬过这一段转折期或者挑战期的。深陷泥潭的客户将会不由自主地倾诉他们在哪些方面过得不太满意。这时您可以询问他们是否有留意到出现精力耗竭的迹象，比如更加情绪化、意志减退、盲目社交、社交孤立或逃避等。您也可以询问客户，他的家人或同事是否也曾表达过类似的担忧。

2. 提醒客户精力充足所需要的生物基础。饮食是否有营养？睡眠是否充分？是否经常散步或者进行其他形式的运动锻炼？许多丧偶客户会反馈已经好几个月没睡过好觉了，还有一些客户表示他们每天靠着茶和吐司勉强过活（甚至还有人喝酒度日）。此时，有些客户会进一步承诺自己能解决这些问题，这时候您就可以询问客户是否可以做些什么帮他们坚定信念，比如：是否需要家庭医生的名片？是否想免费去健身房锻炼一下？（当然，这意味着您手头需要有这样的资源）

3. 对于精力耗竭的客户来说，其遵循性降低通常是由于客户：（1）不知道从何处也不知道该如何着手处理复杂任务，（2）很容易情绪崩溃。因此，将任何额外的任务分配给这些精力耗竭的客户时都要谨慎，您也不希望他们情绪崩溃吧。如果您必须分配一些需要自主完成的事情时，有一点就至关重要了，那就是向他们询问"准备性问题"（见第六章）并依此确定他们将如何完成这些事情。

4. 可能您需要提醒一些客户，合理分配金钱来减轻现阶段的一些负担。我曾服务过许多自律的储蓄者，他们好像需要获得许可才愿意花钱带自己苦闷的配偶去度假放松或花钱请人打理家务（当家里有人生病做不了家务或需要专业人士时）。您要意识到强大的金钱脚本在低支出者和超支出者中同样有效，同时要准备好帮助客户解决这些问题。

5. 精力耗竭的用户经常会抱怨他们"一英里长"的待办清单。对于这类客户来说，神经心理受损一部分体现在无法区分高优先级和低优先级事项。您的专业知识可以帮助他们确定什么事情需要立刻去完成，什么事情可以等精力恢复后再做。这份您和客户共同策划且有条理的行动方案（比如先做这个，接下来做这个，但那件事先不要做）会增加他们的安全感和信心。

不管客户正处于精力耗竭还是巅峰状态，有社会支持的话他们往往会做得更好。在下一章中，我们将会探讨社会和环境如何影响财务目标的实现（FACTS模型中的"S"部分）。

第八章｜社会和环境因素对客户遵循建议的影响

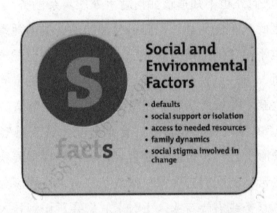

已故的克里斯·彼得森博士是积极心理学领域最受尊敬的学者之一。他以一种非常简洁的方式总结了有关人类幸福的全部研究结论。根据彼得森的说法，这一切都归结为：其他人很重要。

哈佛大学长期开展的成人发展研究的成果也证明了这一说法，该研究于1938年启动，当时共有268名常青藤联盟的大二学生参与，一直持续到今天。在此期间，由于这些学生的妻子和后代以及波士顿社区成员更广泛地参与，该研究项目的主体慢慢扩大。研究的目的是揭对长寿的秘诀。而该研究最重要的发现之一是，良好融洽的人际关系对我们而言就像长生不老药一样。在人的一生中，稳固的社会关系是预测身体、认知和情感健康状况的最有利因素之一。

这很有趣，但是，您可能会问，这些与财务遵性有什么关系？事实证明，其他人的存在对于人们如何对待金钱的看法很重要。例如，您和您的团队在这方面就非常重要，提供专业支持和专业知识帮助人们及时、持续地采取行动，因此带来的财务结果和总体福利比那些试图独立完成的人更好。

这是个好消息。更发人深省的是，与影响客户财务生活的其他社会因素相比，大多数金融专业人士只是小角色。再完美的计划也可能在客户离开（您）办公室的几分钟内就被其他人破坏。以下是一位顾问与我分享的一个案例：

安迪是一位丧偶的父亲，有三个女儿，年龄从15岁到21岁不等。四年前妻子给安迪留下遗产，足以让三个女孩完成昂贵的私立学校学业直到她们大学毕业。也就是说，只要安迪继续过着与妻子去世前大致相同的生活方式，并且明智地投资保险就足够了。然而，事实并非如此。妻子去世后不久，安迪的开销就开始飙升。这位陷入困境的父亲忧心忡忡地告诉财务顾问，他只是想让女儿们在极度悲伤的时候好过一些。顾问一再提醒他要控制开支，但安迪表示有信心，一旦女儿们长大一点不那么想念她们的母亲时，就不会再有较大的开支。

可是，遗产的本金缩减到连学费都支付不起的那一天还是来了。安迪和他的顾问商量了好几个小时，最后想出了一个计划，只要两个大女儿申请学生贷款和兼职工作以此来支付自己的大学学费，就可以让最小的女儿完成私立高中的学业。离开办公室时，安迪既后悔又坚决。然而，不到一个小时，他就打来电话，说该计划行不通。他的大女儿强烈拒绝了这一提议，并要求给她一辆新车，这样她能经常去州外看望她的男朋友。顾问能给这辆车拨款吗？

这项工作应该有危险津贴。

金融专业人士面临的挑战之一是如何弄清楚在客户的财务生活中有发言权的其他人。凯瑟琳·雷尔是金融咨询界的研究员和教育家。雷尔表示，在她作为国际金融理财师的早期，"在社交方面经历了惨痛的教训"——也就是说，在计划过程中，咨询关系之外的人可能会导致整个规划发生逆转。"我经历过只和配偶的一方见面，由他（她）回家向伴侣转述我们的规划和原因，但最终以慌乱或失去信心收尾，然后我们不得不从头再来。"自此之后，她的原则是，除非配偶双方都同意在计划的关键初始阶段定期会面，否则绝不接受夫妻作为客户。雷尔认为这项原则既节省了时间，也减少了挫折感。其实这也提供了长期回报，使她能够在夫妻一方去世时为尚存的另一方提供高度协调的支持和指导。

虽然配偶和子女对客户决策的影响相当显著，但显然还有其他因素。商业伙伴、宗教领袖、朋友还有电视上发言人，他们都会有规律地发表意见。有些人可能只是提醒您的客户不要从事没有收益的财务活动，他们会说"你需要将 3% 的利润再投资于业务"，而另一些人可能会发表带有强烈偏见的意见："你可以自己写遗嘱，但你却花钱请律师来写遗嘱，这太愚蠢了。"最好弄清谁的想法在客户的生活中占主导地位。因为其他人的意见很重要。

识别不利影响

有时，客户的行为可能受到生活中老一辈的影响。这些影响促成了无意识的金钱脚本并且至今仍在运行。客户甚至可能不知道是谁或什么在驱动他们的行为。

但是，许多客户非常清楚是谁造成了他们正在试图解决的问题。即使你向他们保证，可以花更多的钱享受劳动成果，他们也可能会畏缩，因为预料到了吝啬的父母会批评并反对。甚至当他们对投资机会了如指掌时，也可能预料到，当自己的高尔夫朋友在吹嘘夸大最近在交易中的成功时，他们会觉得自己像个傻瓜。

对大多数人来说，谈论金钱问题并不容易。在近期对其他金融专业人士的培训上，凯瑟琳·雷尔强调了双重需求，即坚持客户与其生活中的关键人物进行"金钱对话"，并得到他们的支持。这类谈话往往充满情感因素，比如与成年子女分享遗产规划决策或与潜在的人生伴侣坦率地谈论资产和财务价值。当客户受困于亲人的潜在阻力时，顾问应该协助沟通。雷尔提醒说："你不能寄希望于阻力主动消失。"

回避和拒绝的另一种选择是直接询问客户是否希望听到对其行动计划的反对意见。考虑反对意见并不仅仅是为了提升客户在面对反对意见时仍然能够坚持己见的能力，更重要的是这本身就是一项有价值的训练，因为它揭示了客户的生活和形成性影响。

如果您能强迫自己对偶尔犯错的可能性保持开放的心态，那么这项训练一定程度上能帮助您发现自己的盲点和偏见。从反对者的角度来看您的建议，是一种很好的方式，因为您会发现自己可能也有草率的时候。本书的大多数读者都会接触到一些可能妨碍良好决策的认知偏差和启发式教导，如确认偏差、可得性启发、焦点效应、逸事谬误、归因错误等。客户生活中的反对者可以帮助您发现和检查这些偏见和错误假设。一位优秀顾问应当愿意以开放的心态审视反对意见。

寻找有帮助的影响因素

芭芭拉·斯坦尼是我在金融变革领域的首批导师之一，她写过几本畅销书，探讨了支撑收入、支出、储蓄、投资和慈善事业的信念。斯坦尼的书中不仅包含了个人做 "内部工作" 需要的充分信息，还包括财务成功行为的"外部工作"。尽管斯坦尼相信个人的力量，但她很快就打破了个人主义的神话。她认为，没有他人的指导、投入和鼓励，任何人都无法摆脱财务动荡。

数百次研究采访的过程坚定了她的信念。斯坦尼发现，无论收入水平如何，努力奋斗最终实现财务稳定的女性，与那些仍然处于财务困境中的女性存在明显的区别。前者往往受到广泛支持，而后者则相对孤立。她发现，对于前者，生活中都有各种支持者，帮助他们寻求清晰的财务目标、更高的收益和成功的投资。有人为她们欢呼、庆祝进步；有人倾听她们内心深处的疑虑和渴望；有人为他们提供了如何正确做事的成功案例；还有人提供了有用的信息或人脉渠道。能够利用这种支持的人，在个人和职业上更容易取得突破。鉴于这些发现，斯坦尼坚信，人们需要找到自己的声音，提出自己想要或需要的东西，才能取得财务进步。

不同方式的支持

社会科学研究证实了斯坦尼的结论。人类需要各种各样的社会支持来发挥自己的潜力，并从不可避免的生活压力中得到缓冲。研究表明最常见的支持形式包括：

1. 情感支持——展示或表达出同情、爱、忠诚等；

2. 信息支持——提供有用的指导和建议；

3. 实物支持——提供物质商品或服务；

4. 陪伴——一起从事某项活动。

所有形式的支持都很重要。想象一下，您的孩子住院了，您可能会在深夜接到最好的朋友打来的电话，从而获得情感支持，工作人员会告诉您哪里可以找到价格合理的停车场，从而获得信息支持，以及一群体贴的邻居把热饭送到家中的有形支持，还有家庭成员的陪伴，和您一起整夜静静地守在床边。

大多数金融专业人士擅长提供信息支持。其中的佼佼者将自己视为忠实的伙伴，并重点向客户发送支持性的建议和定期提醒，并鼓励客户更新在实现目标方面的进展情况。许多人也会凭借深入的倾听技巧、热情和鼓励提供额外的情感支持。即便如此，您也只是影响客户生活圈子中的一小部分。您可以给客户引荐一些有帮助、能持续提供灵感和指导的人或者机构，这可以极大地拓展您的能力范围。这些专业群体的扩展可以恢复和塑造客户的能力，以便他们能够执行与您商定的建议。

根据我的经验，很少有金融专业人士意识到他们的联系人列表的巨大价值。社区中的关系网使您能够及时为您暂时无法提供帮助的客户提供转介。如果他们想要安然无恙地度过困难时期，并坚持实现自己的目标，无论目标是完成一项繁重的债务偿还计划还是扩大现有的企业规模，他们都可能需要治疗师、导师或支持小组。当客户现有的社会影响无助于或不足以满足当前需求时，他们就特别需要新的资源。

无论何时，当与正在经历重大人生转变的客户合作时，应该留意他们可能需要的额外支持。转变会使客户的自我认同感发生深刻变化；当这些变化发生时，他们现有的社会关系网可能无法像往常一样提供支持。中了彩票的人常常惊讶于他们的友谊在意外之财之后的变化。寡妇和鳏夫通常会长时间地将自己孤立在悲痛中，重新加入社交圈时却发现自己与仍然是夫妻关系的朋友格格不入。第一代财富缔造者可能会对子女在继承家族生意中的明争暗斗感到震惊和沮丧，但却不知道该向谁寻求帮助和支持。

这正是您可以发挥作用的时候。您可以提供相关领域的专家姓名，安排初次会面。您也可以寄一本专为他们的情况写的书。通过扩大获得信息、工具、情感或陪伴支持的渠道，可以让客户知道您是他们最好的依靠之一。

坚持应遵守的规则也会有意外资源：那些将朋友介绍给你的老客户。凯瑟琳·雷尔有过切身体验，并在其他为寡妇工作的顾问身上观察到了这一点。除了进行最初的介绍外，老客户经常亲切地"唠叨"他们的朋友完成重要任务："你把文件交给凯萨琳了吗？""她给你布置的练习你做完了吗？""你需要我带你去政府办公室完成申请吗？"这也是社会支持的价值所在。

拓宽视野

到目前为止，我们只是在考虑客户生活中某些特定因素提高或降低遵守率的方式。这个角度太狭隘了。文化和环境因素，如宗教、语言、地区和组织因素，均可以对客户的财务价值观和随后的行为产生强大的影响。面对广为接受的建议退缩不采纳的客户，缺乏经验的顾问可能会错误地得出结论，认为客户在金钱方面存在个人"问题"，这些问题需要以某种方式查明，并在查明之后予以消除，以便可以采取好的做法。但这些信念或做法可能源于根深蒂固的文化价值观，只不过与顾问自己的价值观不同。

例如，在加拿大中部，大多数土著人民是在这样一种道德观念下长大的，即个人资源应与大家庭和更广泛的社区自由分享。这一文化背景的客户告诉我，由于要帮助所爱的人努力满足当前的基本需求，就很难积累自己的退休储蓄。大多数门诺教徒客户高度重视和平、简单的生活，并坚决抵制生活方式的改变，也不愿投资与军事有关的公司。许多穆斯林客户拒绝将钱存入有息银行账户，而且显然对个人投资的这种标准做法感到不安。我了解拥有这三种背景的人，他们因持有的价值观被金融专业人士谴责为 "不合逻辑""愚蠢"和"不可行"，这种傲慢简直令人震惊。

作为金融专业人士，我们的工作不是对客户的世界观是否正确或合理下定论，也不是争辩哪些文化价值观应该得到尊重、哪些应该被拒绝。相反，我们的任务是通过与客户有技巧的沟通，以帮助他们明确其价值观并确定如何最好地将这些价值观与他们的目标、机会以及监管和精算现实相结合。作为一名会计师和金融理财师，丹佛的吉姆·威廉姆斯在数十年的工作经历中认识到，与客户的切身需求和愿望保持一致是很重要的，即使这些事情可能会导致他们偏离精算后的最佳路径。"作为顾问，我们有责任尊重他们的愿望，并尽最大努力帮助他们实现它。哦，还有记录，记录，记录。"

拉赫曼·阿卜杜勒拉赫曼博士是一位心理学家，他为企业和政府提供文化多样性和克服偏见方面的咨询。他表示，有效的跨文化对话的起点是了解我们自己的世界观。如果没有这种自我意识，无意识的偏见就会严重影响决策和互动。这些偏见可能会导致无意的"微侵略"行为，这些行为可从外部观察到的行为表明，由于价值观或做法不同，我们对客户的重视程度较低。客户的回应就是不采纳我们的建议，不继续与我们联系，也不把别人介绍给我们。

阿卜杜勒拉赫曼博士表示，从好的方面来看，对于那些欢迎拥有不同世界观的员工、客户和供应商的组织和团队来说，总会面临很多的机会。金融服务业已经抓住机遇并开始行动了。看吧，那些不想投资武器制造商或对环境有污染的行业的人可以选择投资共同基金。其他机构开始提供无息银行存款账户。这些举措表明，文化差异并不是一件麻烦事，乐于接受差异反而会带来更多的成长可能性。

外部规则

随着时间的流逝，我越来越尊重物质和社会环境对选择的影响，无论是好还是坏。马歇尔·戈德史密斯曾将环境描述为一种"不间断的触发机制，对行为的影响很大，不容忽视"。然而，当我们真正需要的是系统、习惯、提醒、有用的默认设置和策略性回避时，却常常忽视环境因素，而选择依靠意志力、动机和记忆来渡过难关。

只要想一下我们所在之处的消费文化，就会注意到外部力量对金融行为的影响有多大。价值十亿美元的广告产业，它的存在只是为了让人们花钱，让人们感到自己的不足，并成功地向人们推销产品和服务。有时需要严格控制广告，以限制在财政方面的不良影响。

几年前，在华盛顿特区，美国国家橄榄球联盟（NFL）制定了一项"会议期间禁止使用手机"的政策。因为有太多的球员在团队开会讲解比赛策略的关键信息时联系朋友和家人。"为什么给你妹妹的车比给我的更好？""你打算什么时候给我买栋大点的房子？" 球员们都被这些东西弄得焦头烂额、心烦意乱，所以他们定了个规矩，开会时禁止使用私人手机。

虽然这只是针对球员生活中遇到的诸多问题的一小点，但这一规则在关键时刻完美地阻止了问题的发生。

大多数金融专业人士不会对客户强加这种死板的政策或规则。然而，有时客户会为了自己的财务状况而自愿接受外部规则。例如投资前就设立了获利和止损准则，从而触发投资标的的自动买卖。客户认可了这些指导原则后，决策便不再基于恐惧或兴奋，取而代之的是通过与您共同制定的原则来驱动决策。

有摩擦！

行为经济学家在描述一个过程或系统内在趋势减缓时，经常使用"摩擦"一词。这些障碍是完成任务过程中相对较小的绊脚石。摩擦常常与难以解决的巨大障碍（贫困、种族主义等）形成对比。尽管摩擦造成的影响可能相对较小，但其最终影响却并非如此。Common Cents实验室的行为经济学专家表示："每一次点击、每一个步骤、每一个字段、每一份表格和每一个签名都和大规模的障碍一样显著。"例如，如果你向新客户发送了一份表格，让他们签名回复，以此作为让他们参与业务的条件，那么你就在客户参与过程中引入了一些摩擦，最后，这份文书工作可能不会像你希望的那样及时完成，事实上，甚至可能根本无法完成。

要想证明这种摩擦的力量，只要看看器官捐献率的数据就行了。在要求人们选择在死后捐献器官的国家，捐献率比不要求人们捐献器官的国家低得多。这真是让人震惊：选择捐献或不捐献所需要的唯一操作，就是简单地在方框里打钩。人们讨厌通过勾选方框作出决策，结果就是默认选项占据了主导地位。

您和您的团队面临的挑战是弄清如何消除对客户不利的摩擦以及如何在对客户有利的情况下添加摩擦。为客户提供写好地址并贴有邮票的信封是消除无益摩擦的常用策略。此外，积极心理学专家肖恩·阿克尔大力支持增加有益的摩擦。他指出，在自己和不应该做的事情之间设置20秒的冷静期，例如过度查看股市，无意识地吃东西，或反射性地伸手去拿遥控器，我们做出这种不合时宜的行为的可能性就会降低。许多人只需要20秒，就可以控制眼前的冲动，从而实现更好的计划。这就是那些老生常谈的建议背后的基本原理：比如让挥霍无度的人把信用卡冻结，或者关闭一键订购选项。用意志力专家罗伊·鲍迈斯特和约翰·蒂尔尼的话来说就是，"迟到的恶习已非恶习"。

小心引起你注意的东西

在刚刚过去的纳税季，就最近发布的一份有关"报税拖延"的报告，我应邀接受了电视采访。接踵而至的是一系列类似的采访请求，内容危言耸听，均涉及其他与个人理财有关的新闻稿。例如，不断攀升的消费者债务水平，越来越多的大学毕业生未能成功就业。在过去，我可能会随大流，谴责越来越多人做出错误的财务决策这一现象。但那时，我同意"社会认同神话"，也就是罗伯特·恰尔迪尼的看法。社会认同是一种常用的启发式或认知的捷径，人们会试图采用这种捷径找出最佳行动方案。它包括观察别人的选择，以决定我们应该做什么、选择什么、相信什么。社会认同能将截然不同的事情联系在一起，比如参与回收活动、评价某件事是否有趣或值得以及消费产品的吸引力等。这解释了奥普拉读书俱乐部的力量以及人们对在脸书上点赞的痴迷。

恰尔迪尼的研究表明，引导人们注意不良行为可能会适得其反，并会在无意中增加其他人参与其中的倾向。例如，当恰尔迪尼第一次试图阻止亚利桑那国家石化森林的游客盗窃岩石时，他注意到张贴的标牌上写着："您的遗产每天都因每年14吨的石化木被盗而遭到破坏。尽管大部分都是一次偷一小块"。他担心这恰恰传达了一个错误的信息：小偷小摸已经变得司空见惯，甚至成为惯例。随后针对标牌进行了实验，实验表明，相比张贴标牌来暗示盗窃是一个普遍且日益严重的问题来说，完全没有标牌效果要好得多。

恰尔迪尼认为，若不去强调日益增长的不良行为，还可采用另一种方法，即提供社会认同，证明大多数人都在做正确的事情。例如，他帮助英国政府将税收征收率从57%提高到了87%。他做了什么呢？他只在催缴信中添加了一句话："大多数人按时纳税。"恰尔迪尼表示，最好的社会认同方案同时利用了三个基本动机：决策轻松、自我感觉良好以及与他人相处融洽。

无论是参与媒体采访，还是直接与需要提供财务帮助的客户合作，我都努力利用社会认同推动人们采取有效行动，告诉他们大多数公民都按时报税，并每月全额还清信用卡。我保留了一些带有负面色彩的信息，以提醒人们意识到错误选择所带来的负面影响。例如，不断增加的账单所带来的压力，或者如果债务问题未能得到解决会增加婚姻中的冲突等。但我总是回到那些支持财务稳定的好习惯上来，并就如何乘上"通往荣耀"的列车提供具体建议。

小结

没有社会认同，谁也无法取得成功。您和您的团队是社会支持的重要来源，您自己也可以提供额外的建议和推荐，帮助关系网贫乏或个人情况发生重大变化的客户。文化和环境因素也会对财务价值观和决策产生重大影响。了解客户行为的外部驱动因素是很重要的，这样就能够强化有帮助的驱动力因素，减少无用的驱动力因素。

客户黏性助推器

1. 正如前文所述，应对不遵守行为最理想的方式是在商定的计划被干扰前提前进行预测。这适用于与社会因素相关的不遵守行为。您可以熟悉以下问题，并定期提问：

在您的生活中，有没有人可能会对这个方案感到不满？

您希望如何处理？

您是否准备好独自与这些人交谈？

我们如何帮助你对自己愿意和不愿意做的事情建立合理的预期？

如果对该计划感到不满的人是对的，那么正确的方案应该是怎样的？我们怎么知道方案有误？

2. 帮助客户进行有礼貌、自信的对话。找机会让他们在你面前练习如何回答。在适当的情况下，你也可以协助沟通，或者独自与相关的家庭成员见面，但要确保不会让自己陷入"智者裹足不前，愚者铤而走险"的境地。你可以获得客户的书面同意，列出可以和不可以透露的内容。并考虑这样的会议是否需要由不同类型的专业人员来处理，例如，家族企业顾问或调解员。

3. 当客户预测在计划执行过程中会遇到巨大的阻力时，主动承担压力。这对于在他人无情要求下不断让步的客户尤其有用。本章第一部分讨论的安迪是三个孩子的丧偶父亲，他本可以说"我的理财规划师告诉我，我不能给你或我自己买车。钱已经存起来用作日后的学费了，我不能用作其他用途"。并从这样的策略中受益。

4. 尽可能发掘和利用客户的积极社会影响。以下问题有助于增强信心和毅力：

在生活方式方面，谁是您的榜样？

是谁告诉您关于财富的宝贵经验？您欣赏他们工作方式的哪些方面？他们是如何给予他人经验的？他们是如何处理财务的？

在生活中，谁会对您正在尝试的事情最兴奋？

在实现目标的过程中，您有没有想寻求帮助的人？关于您的目标和实现它的方法，您想让他们知道些什么？

5. 对于那些需要额外支持或专门服务的客户，您的联系人列表是可以提供给他们的最重要的资源之一。预先审查过的律师、治疗师、会计师、受托人、理财顾问、婚姻顾问等名单都非常有价值。如果客户需要评估那些出现在谷歌搜索中的陌生人的道德和能力水平，这些名单则节省了客户的时间并打消其顾虑。当进行推荐时，避免潜在的利益冲突是很重要的。在条件允许的情况下，可以提供两三个你认为合适的人的名字。

6. 当提出了转介和推荐时，要记得及时跟进！即使是该领域最好的从业者，也不一定适合你推荐的每一个客户。此外，这些专家所擅长的领域、服务质量，甚至他们的道德行为都会随着时间的推移发生改变。一定要和你的客户确认：

他们预约了吗？

他们参加了吗？

有什么担忧吗？

未来的计划是什么？

第九章 ｜一些其他建议

为积极的实践者推荐最佳策略，我的建议如下：

1. 在每次会议开始时（条件允许的话，也可以在会议开始前），向您的顾客询问："这次会议怎样才能使您的时间、精力和金钱发挥最大的价值？"然后相应地组织会议。（第二章）

2. 保持风度：用心倾听、直言不讳、热情地接洽。（第三章）

3. 使用三个准备问题来确保双方形成有意义且便于管理的计划。（第六章）

这些策略是以纪律和证据为本的过程的一部分，它将提高您提供建议的效率，也将帮助您和客户缩小意图和行动之间的差距。

即便如此，还是可能存在问题。接下来，我将讨论一些在临床工作和咨询实践中经常遇到的挑战，希望所提出的解决方案或方法能对您有帮助。

通常会崩溃的场景

经常有客户就无法作出改变来咨询。个人客户在诸如净资产、教育水平和其他资源获取等方面差异巨大。然而，绝大多数未能坚持下来的客户都有一个共同点：他们从未完全同意金融专业人士提出的方案。提供建议的人只是简单地假设客户已经做好准备，忽略或掩盖客户未准备好参与所提议计划的事实。让我们回顾一下前文中的三个问题，并考虑忽略它们的影响。

问题1："您对这些计划（此处加上推荐的计划）有什么看法？"

这时候您可以思考一下是否正在专注于客户最想做的事情以及您和客户是否已就下一步行动达成共识。如果客户反应不冷不热，或者更糟，那就要注意了！忽视客户的态度意味着无论您的建议或期望是什么，都可能偏离目标。

问题2："如果您决定做（在此处加上建议行动方案），这会对您有什么好处？"

这个问题能帮助您确定客户是否在情感上认可您的建议，这种认同感足够深，就可以帮助他在未来的挫折、诱惑或竞争性需求中坚持下去。同样，如果客户的回答表明其对所提议的行动方案模棱两可，那么客户可能就没有足够的动力来推进该行动方案。如果忽略这一事实，就相当于假想您接触了一个情绪化的客户。

问题3："如果您毅然前行，对自己能完成这项行动方案有多大信心？"

这是提高客户自我效能感、解决前进过程中可能遇到的困难的最佳机会之一。如果跳过这一步，客户则更容易受到本可预防或可解决事件的影响。在他们的脑海中，这些挫折或失败都与您有关，虽然这很不公平，但结果就是他们不再接受您提供的建议并且会对您更加不满。

动作慢下来，效率高起来

我猜您和我一样，在会见客户时经常感到时间紧迫。如果是这种情况，那么您很可能会放弃上面的一些步骤，就像丢弃不必要的压舱物一样。我理解这种冲动，我可以保证，在某些时候确实可以跳过其中一些步骤。我还可以向您保证，最可能让您出错的就是这些跳过的步骤。

当你承诺提供更有可能"坚持"的建议时，您与客户的初次会议往往会延长几分钟。通过增加会见时间来节省时间会让你觉得效率低下，有种为了省钱而花钱的感觉，就像每次我抱怨要送车去日常保养时修理工非常高兴地说的那样。但事实是，从长远来看，这确实节省了时间。它还可以防止浪费精力，从而保持积极的关系，并使每个人对最终结果更满意。顾问告诉我，这也会让对您非常满意的客户向您推荐更多的客户。

坦诚布公，化解僵局

尽管有上述策略，但有时双方商定的行动计划仍然会完全停滞下来。你发出提醒通知，留下愉快或严肃的语音留言，甚至不时出现在客户眼前，希望获得回应……但这种情况并没有发生。那么对计划停滞的正确反应是什么呢？

我认为，把僵局坦诚布公是最好的选择。这样做可以为一段停滞不前的关系或行动计划注入新的活力。这个时候你可以充分发挥自己的个性优势，如好奇心、谦虚和开放。以下是我在过往咨询实践中总结的有帮助的询问话术：

1. 在我看来，进度似乎已经停滞不前。您是不是觉得没有太多的变化或发展？如果这种情况持续下去，我担心您再也不会来这里了。我们能谈谈这是怎么回事吗？

这样的询问既没有防御性也没有攻击性，并且让人易于接受。当以这种方式承认行动计划陷入困境时，客户往往也会明显地松一口气。

2. 我担心我帮不上什么忙。您雇我来是解决具体的问题，但我们没能取得什么进展，对此我很抱歉。为了让事情朝着正确的方向发展，我们是否可以采取一些不同的做法？

请注意，道歉是邀请讨论问题的一部分。您可能会觉得这是典型的加拿大人的怪癖，什么事都要道歉，但事实上，这并不是无缘无故的道歉，也不是承担责任。相反，这正是对僵局的真诚表达。这种非防御性的做法表明，如果需要的话您愿意做出改变。请注意：如果需要的话，您是否真的愿意作出改变？如果不是，请不要作出这个承诺。

"我想知道"

"我想知道……"的句式提供了一种新的问询方式：

我想知道我们是否在处理正确的问题；

我想知道我们是否从正确的任务开始；

我想知道这是否是正确的方法；

我想知道这是否是正确的时机。

了解人们生活环境的变化是很重要的。也许人们发生了一些事情，从而有了相互竞争的需求，这些需求吞噬了他们精神能量的很大一部分（见第七章），导致最初的计划显得过于冒进，超出了他们目前的承受能力。机敏的顾问会调整计划以匹配客户当前的能力。

"我想知道……"这句话，可以给咨询关系本身发生更大的改变：

我在想你是否需要其他帮助；

我在想我们是否应该考虑再找个人来帮我们。

这也可能是推荐其他专业人士的机会，包括心理学家、律师、家族企业顾问等。

不是每个客户都适合你

去任何一家有宠物专区的书店，您很容易看到诸如《适合你的狗》或《选择完美的小狗》之类的书名。这些书提出这类概念的前提是，某些品种的狗将比其他品种更适合您的生活方式和个性。与巴吉度猎犬相比，格雷伊猎犬是更好的跑步伙伴，而杜宾犬比金毛猎犬更适合成为护卫犬。

如果您发现某个客户（或某类客户）不能长期遵守计划，那么这个客户可能不适合您。如果您发现客户对您和您的员工粗鲁无礼，经常沟通不畅，对您的时间和注意力提出无理要求，那么这些迹象可能在提示您需要移交、转介甚至终止与这位客户的合作。还有一些迹象来自您自身的机体或情绪对于客户的反应，诸如持续恐惧、失眠或焦虑等症状，这不仅仅带来了不便；更重要的是，这明确表明这位客户正在影响您的健康。

　　但有时您真的不想失去这笔业务，或者根本无权终止与他的合作，例如，您是银行的雇员，而不是私人公司的老板。在这种情况下，您应该尝试与其他团队成员分头联系，或将该客户转移给另外一位同事。

　　记住：您不需要独自面对。在这种情况下，指导或监督是很有用的。您可能需要提高一些特定的能力，例如坚定自信或灵活性。当你利用第八章中概述的一种或多种社会支持时，就更可能实现职业和个人的突破。

　　然而，很可能有一天，唯一明智和合乎道德的做法就是把麻烦的客户转介到别处。如果客户总是不遵循建议，那么是时候该终止合作了。当您确实需要终止合作时，请尽量保持您的尊重和热诚，避免给客户或自己增添羞耻感或挫败感。

勿揭他人短

　　在前文的叙述里，我将金钱比作范德格拉夫发电机，并解释说，对许多人来讲，金钱承载着强大的情感电荷。这会妨碍他们作出合理的财务决策以及为实现目标而采取必要行动的能力。很多好的建议都因为客户对金钱的矛盾情绪和信念（以及对于金钱笨拙的处理方式）而付之一炬。

　　如果您没有对自己与金钱的关系进行过任何审视，就更有可能在工作中受到干扰。这样的审视包括了解您对于财务领域的知与行：各赠予、储蓄、收入、投资、竞争、退休、成长、简化、披露、妥协等方面。

一个人可能在金钱的外在（或技术）方面是一个绝对的天才，但在处理金钱的内在方面仍然一无所知。我的客户曾告诉我他们在金融专业人士办公室的遭遇：他们看到一名垂头丧气的年轻失业毕业生，因为一笔学生贷款逾期而被迫忍受银行家充满羞辱的大声说教；和解专家反复告诉失去亲人的父母，他们是多么幸运地得到了一笔本不属于他们的死亡赔偿费；一对退休夫妇想把他们的钱捐给慈善机构，泪眼汪汪的顾问恳求他们不要转走账户中的资金。

正如这些例子所示，您的财务价值观和信念会带来强烈的情感体验，从而干扰专业和诚信尽责的建议。当某些事或人违反了你对事情本质的核心假设时，或者某些事情妨碍了你的自信或自我意识时，这种情况最可能出现。这时候就需要反思是什么在驱使着自己的财务行为，并着眼于更广阔的人生观。重要的是你意识到自己在这些方面仍存在不足了，并开始学习如何改进。

您可以作出改变，也可以安于现状

过去20年的社会科学和神经科学教会了我们，通过长期的努力，几乎每个人的素质或技能都可以得到提高。心理学家用"成长型思维"来描述这种意识和信念，即您可以在对自己重要的事情上做得更好。令人震惊的是，成长型思维可以带来一系列积极结果，包括心理、身体、人际关系和财务健康等各方面。我们每个人都需要判断学习一种不同的生存方式和行为方式是否值得。当然，我们还需要有黏性的建议以支撑这些变化。

幸运的是，现在您有比以往更多的机会来学习个人工作方面的专业知识。目前有一些聚焦于人际交往技能的专业认证项目，专注于深度倾听和传递温暖。还有一些专业培训课程，可以帮助您满足特定细分市场或人群的需求。网络上也有一些金融专业人士聚集在一起提供协作和支持以实现这些改变。还有很多专门从事这项工作的优秀的教练和治疗师，都能帮助您发展个人能力。

致　谢

　　写书与您生活中可能熟悉的其他重要事项充满相似，如检修引擎、翻修厨房、接生小孩等。所有事项都是从自信和热情开始，但不可避免会经历一段"绝望深渊"时期。如果您准备开始努力尝试，那么让聪明又有爱心的人一路陪伴是个非常不错的主意，这会让您崩溃时不那么抓狂。

　　向一路相伴的同事致以最真挚的谢意，其中包括：

　　我在Thomson House的同事——达琳、妮娜、两位凯伦、格伦、珍妮、布伦特和阿曼达。在如何照顾病人和关心彼此方面，您们都是优秀又善良的典范，是您们把工作室变成一个美妙的地方。

　　Sudden Money Institute的全体成员。当一位心理学家一路跌跌撞撞来到您们面前，想更多地了解您们的工作时，您们并没有嘲笑，反而真诚分享了自己作为金融专家的经历和曾经面对的挑战，并对访谈所形成的材料进行有耐心的 β 测试。

　　Sudden Money Institute创始人苏珊·布拉德利。您一直都是我的良师益友。我对您博大的胸怀和伟大的灵魂感激不尽。

　　金妮·卡特，优秀的开发编辑和著书教练。感谢您详细深入地与我探讨，与此同时也不忘提醒我跟上进度以及完美地踩点给我发"暴力催稿"视频。

　　永远欢乐、富有创造力、追求完美的平面设计师布莱恩·海德史密斯。有您这样的合作伙伴和朋友何其荣幸！

　　所有阅读过这本书初稿的人——我的智囊团、我姐姐瓦莱丽·萨默斯以及纳兹鲁丁的同事里克·卡勒、吉姆·威廉姆斯、史蒂文·沙格林和达伦·约翰斯。一路筚路蓝缕，感谢您们的不离不弃。

出版商艾莉森·琼斯，编辑雷·汉密尔顿和首席书商代理艾比·黑登。感谢您们关注每一处细节，主动帮忙梳理错综复杂的加式、美式及英式英语的拼写和术语。还有太多我想感谢的，就不一一例举了。

我生命中的男人：简·路易斯、迪迪尔和莱维。这几个月来，您们忍受了我堆积如山的材料、乏味的烹饪和各种分身乏术。下次重操旧业的时候，我会尽可能避免给你们带来苦恼。

推荐语

感谢陈彤博士把《投顾之道：如何提供易遵循的投顾建议》这本书带来中国市场，在20年的基金从业过程中，我也非常认同金融从业人员除了应当具备经济金融法律的"硬知识"，还应当具备了解客户、尊重客户、以客户利益为核心的"软技能"，可惜的是这些软技能没有办法在学校完成学习，而陈彤博士翻译的这本书为我们广大的一线销售从业人员带来了具体操作指引。这是一本具有客户心理学认知的销售人员的宝典，按照这本书提供的"客户黏性助推器"进行自查和修正，让一线销售人员把为客户的财富管理作为一个神圣的职业，提高客户的幸福感，也获得自身的成就感！

李一梅　华夏基金管理有限公司总经理

人创造了金融，人通过创造金融来实现财富在人类社会的积累和分配，因此金融活动和人性紧密相关，甚至可以说金融活动的本质就是人性，而心理学无疑是理解人性的一把钥匙。通过心理学来理解金融活动，并在金融活动中善用心理学，使其更好地为人服务，应该是金融心理学产生的根源和目的。这本陈彤先生翻译的《投顾之道：如何提供易遵循的投顾建议》无疑在这方面作了有益而具有开拓性的尝试。这是一本金融类书籍，更是一本心理学书籍，本质上是一本金融心理学的实用书籍，我相信它一定有利于读者借助金融心理学更好地做好投顾业务，同时也有助于读者触类旁通将金融心理学运用在其他金融活动中。

王琼慧　摩根资产管理公司中国区总裁

每一笔投资的背后承载着一个家庭的财富，每一个投资决策背后是一个鲜活的人。本书以大量生动案例来阐明一个常识：投资建议只有被客户采纳时才能真正发挥专业的价值，所以必须要倾听客户，理解客户，洞察客户的真实需求，才能与客户携手创造财富价值。优秀的投资顾问要成为客户的"思想伙伴"，不仅需要专业知识的"硬技术"，也需要沟通陪伴的"软实力"，有受托责任，更有尽职义务。在国内投顾业务方兴未艾的当下，本书尤为值得一读。

庄园芳　兴证全球基金管理公司总经理

财富管理的核心是以客户为中心，其中关键一环就是投资顾问提供的专业、精准且易于遵循的投资建议。对多数投资顾问而言，其背后有公司各条业务线的强大支持，所以"专业"等技术层面的"硬要求"相对容易实现，而"精准且易于遵循"等涉及到顾问服务方面的"软技能"则有一定掌握难度。《投顾之道：如何提供易遵循的投顾建议》总结提出的FACTS五因素模型，有助于我们的投资顾问比较借鉴海外成熟市场的投顾服务经验、针对性提升业务"软技能"，并最终提出那些"能被客户接受和遵循"的好的投资建议。

李勇进　中信证券副总经理

作为心理学家的作者，从如何让投顾的建议更容易被客户遵循这个点出发，通过对影响客户心理和行为层面的软技能的观察和分析，提出了影响投顾工作效果的"FACTS"五因素框架。作者的洞见对于我们在投顾实践中提高认知具有现实的指导意义。在投顾服务中，我们更容易注重产品知识、投资理念的分享与传播，而对于与客户的心

推荐语

115

理和生活状况相关的因素关注不足，重视不够。本书从一个全新的视角为我们在这一领域提出了前瞻而实用的建议，让我们能更有效地帮助客户在投资认知和行为上作出持久而有意义的改变。

肖　雯　盈米基金创始人兼CEO

投资顾问服务是改善客户投资体验的关键抓手。借鉴国外成熟经验，结合国内投资理财实际情况，有助于找到一条符合国情的投顾发展之道。《投顾之道：如何提供易遵循的投顾建议》吸收了神经心理学、金融心理学和行为经济学的最新研究成果，打破成规，另辟蹊径，从一个全新的视角，深入探讨投顾如何提供有效建议，给出了一套囊括技术层面（金融知识）和个人层面（客户心理）的完整解决方案，会为投顾业务人员提供强大的支持和帮助！

王立新　银华基金管理公司总经理

这是一本很容易读完，又是非常实用的金融工作者的工具书。对于从事财富管理行业的同仁来说，该书可以帮助我们重新审视我们和投资者的关系和价值：和投资者的关系是一个基于深度黏性的整体性关系。为投资人提供的投顾交流，不应局限在理财交易机会的沟通交流，更重要的是建立体系性全面的交流和深入理解。范围不仅包括投资人的投资期限的探讨，投资目的和价值的确认，还需包括家庭财务状况，遗产传承的考量，更要挖掘投资人个性相关的风险偏好，甚至是帮助投资人建立其决策的自信和找到决策动力……这样才能保证建议被接受，建立长期的信任的黏性关系，为投资人带来比资产价值增值更多的人生喜悦和从容。

阎小庆　路博迈基金（中国）管理公司董事长

这本书是写给从事理财工作的投资顾问们看的，本书理论分析结合案例，操作性强，对国内方兴未艾的投顾事业具有很强的借鉴意义。大多数投资顾问向客户提出投资建议的时候，往往只是从金融产品的角度出发，提出各种建议，然而，仅仅这样是远远不够的，客户并不一定会遵循那些貌似合理的建议，也很少完全按照投资顾问的设想去操作。为什么会这样？本书作者从金融心理学家和经理人教练的视角，给出了她的解释和应对方法。作者认为，投顾除了金融技术，还应该从人的角度来提出建议。她将医学上的"遵循性"概念和FACTS模型引入到投资领域，从五个因素解释了为什么建议会被遵循或不被遵循，这五个因素是：金融背景和环境因素、建议因素、客户因素、团队和顾问因素、社会和环境因素。而作为投顾，必须去思考什么样的建议，才是容易被客户遵循的建议；如何提建议，才能帮助投资人在行为上作出持久、有意义的改变。

杨文斌　好买基金销售公司董事长

　　投资顾问如何出具让客户易于接受并遵循的投资建议，当前专门讨论这一技术性问题的文献尚不多见。眼前这本《投顾之道：如何提供易遵循的投顾建议》是作者集腋成裘式的实务经验结晶，深入分析了出具投资建议的技术性与操作性问题。该书全面归纳梳理了出具易于遵循的投资建议的具体做法，不仅对我国投资顾问业务人才培养提供了有益的借鉴，还提出了不少发人深思的问题，从这个意义上说，翻译引入该书之举正当其时。正如书名所揭示，投资顾问向客户出具投资建议时需要道为体术为用。道代表着对以客户为中心这一基本规律的认知，术则是相应的方法与技巧。有道无术，无法说服客户遵循投资建议，难以满足客户的财富管理需求。有术无道，则易流于空泛，无法结合自身特点将术融会贯通，不利于提高执业敏感度与使命感，使交谈沟通无所依归。此外，对道的领悟也有利于推导总结术的内涵，归纳总结出适合自身的个性化技巧。由此可见，本书是一本不可多得的实务经验之谈。

徐海宁　东方证券副总裁

投资顾问业务是中国财富管理和资产管理行业不可或缺的重要一环，是联结财富管理和资产管理的纽带和桥梁。投资顾问既有"投"又有"顾"，既有严谨的理论和分析框架，又需要结合心理学和行为学的范例和经验，在实践中反复摸索优化。本书是他山之石的优秀作品，以大量海外实践案例为载体，深入浅出、系统性地介绍了如何将"顾"的角色发挥得更好，具有很强的实践性和操作性。博观而约取，厚积而薄发。期待未来，包括公募基金在内的大资管行业可以将市场、人性的一般规律与国内实践相结合，探索出有中国特色的投资顾问之道。

张霄岭　华安基金管理公司总经理

我们经常说投顾是"三分投、七分顾"，一个好的投顾应该同时兼具"建议的价值"与"陪伴的价值"，诚然，能被接受的建议才是好建议，提出适合客户的专业建议，并且，能让客户最终遵循采纳，真心助力客户达成人生目标，才是真正与客户站到一起、形成锐角关系，客户黏性也会真正地得到提高。本书系统性地给出了落实"七分顾"的方法论及实践指导，从行为心理学的角度，深度剖析在投资顾问展业过程中，各方不同行为的本质原因，通过FACTS模型，帮助投顾理解和提升建议的被遵循可能性，从而最终达到投顾与客户幸福感双双提升的共赢局面，这对于投资顾问的实际展业有很大的指导意义，推荐阅读与学习。

罗黎明　银河证券副总裁

投顾之道旨在帮助客户实现财务健康，也是富达集团几十年来最重要的经营目标。本书以有趣生动的案例和故事、犀利缜密的分析、实用的教案和内容，帮助投资顾问的职业成长和提升。同时也令广大读者对投资理财、金钱财富产生深度思考、心理理疗般的探索，乃至引导行为和习惯的改变。可谓意义非凡。

黄小蕙　富达国际中国区董事总经理

基金投顾业务是当前的热门话题。投顾业务打破了传统卖方代销模式的利益格局，以持有人利益优先为原则，为实现客户的特定投资目标，帮助投资者减少短期、非理性的交易行为，从而提升盈利体验。这些话看着简单，但实际操作起来却并不容易。从短期的商业价值来说，销售可能比投顾要更显性，更有爆发力；但从中长期来看，投顾才是更有持久力的商业模式。当前投顾业务面前仍是一片蓝海，投资者收益和产品收益之间的鸿沟有多大，投顾业务的前景就有多广阔。陈彤博士翻译的这本书——《投顾之道：如何提供易遵循的投顾建议》可谓恰逢其时。关于财富管理机构如何从"产品销售"模式转变为"投资顾问"模式；如何提供真正对客户有价值的顾问服务；如何与客户建立持久的信任关系等问题，本书都有生动且深刻的阐述。我相信，本书的内容对中国投顾行业参与各方都大有裨益。

　　杨　峻　腾讯金融科技副总裁，腾安基金销售公司总经理

金融是基于信任的行业。对投顾从业者来说，具备专业知识只是工作的开始，而如何了解客户，获得信任，并给予恰当的顾问服务，才是精深的专业。本书帮读者整理了客户的心理、行为，告诉我们如何"以人为本"地展开业务，帮助从业者更好赢得客户接受和信赖，值得花时间一读。

　　王　翔　上海基煜基金销售有限公司董事长